AF644107

Erwin Moser

Wunderbare Gute-Nacht-Geschichten

BELTZ
& Gelberg

Editorische Notiz
Auswahlkonzeption & Redaktion in Absprache mit Erwin Moser.
Aus folgenden Werken wurden Texte bzw. Bilder entnommen:
Der Rabe im Schnee (© 1986), *Ein seltsamer Gast* (© 1988), *Sultan Mudschi* (© 1989), *Der Siebenschläfer* (© 1991), *Der karierte Uhu* (© 1992), *Das Findelkind* (© 1994), *Mario der Bär* (© 1996), *Die geheimnisvolle Eule* (© 1997), *Der Mäusejaguar* (© 1999), *Der sanfte Drache* (© 2001), *Plim der Clown* (© 2002)

Dieses Buch ist auch als E-Book erhältlich
(978-3-407-74833-1)

MIX
Papier aus verantwortungsvollen Quellen
FSC www.fsc.org
FSC® C089473

www.beltz.de
© 2016 Beltz & Gelberg
in der Verlagsgruppe Beltz · Weinheim Basel
Werderstraße 10, 69469 Weinheim
Alle Rechte vorbehalten
Neue Rechtschreibung
Einbandillustration: Erwin Moser
Einbandgestaltung und Satz: Elisabeth Werner
Druck und Bindung: Beltz Grafische Betriebe, Bad Langensalza
Beltz Grafische Betriebe ist ein klimaneutrales Unternehmen (ID 15985-2104-100)
Repro: ICC Print, Biblis-Wattenheim
Printed in Germany
ISBN 978-3-407-82168-3
7 8 9 10 24 23

Inhalt

Bolo, der Elefant

Als Bolo noch klein war, wurde er in Afrika von Tierfängern gefangen und in einen Zoo irgendwo in einer Stadt im Norden gesperrt. Dort war Bolo sehr unglücklich, weil er so allein war. Eines Tages vergaß der Pfleger, die Tür zu Bolos Gehege abzuschließen. In einer regnerischen Nacht gelang Bolo die Flucht. Er verließ die Stadt und wanderte aufs Land hinaus. In einer Scheune übernachtete er. Am nächsten Morgen fanden ihn dort die beiden Mäuse Albert und Iris, denen die Scheune gehörte. Bolo war von dem kalten Regen und den Aufregungen der Flucht krank geworden. Albert und Iris brachten ihn in ihr warmes Bauernhaus, legten ihn ins Bett und pflegten ihn gesund. Bolo fühlte sich sehr wohl bei den Mäusen. Sie spielten miteinander, und als dann der Winter kam, brachten sie ihm Schlittschuhlaufen bei.

Die ganze Zeit über wurde der entlaufene Elefant von den Leuten aus dem Zoo gesucht. Auch im Radio wurden regelmäßig Suchmeldungen durchgegeben. Als Albert und Iris diese Meldungen hörten, ließen sie Bolo nicht mehr aus dem Haus. Sie wollten ihn nie mehr hergeben und Bolo wollte auch für immer bei ihnen bleiben.

Einmal durchsuchten mehrere Gendarmen alle Häuser der Umgebung. Albert und Iris sahen sie kommen und steckten Bolo schnell ins Bett. Sie deckten ihn gut zu und setzten ihm eine große Haube auf. Den Gendarmen erzählten sie, dass das ihre kranke Großmutter sei. Die Gendarmen wunderten sich zwar, dass so kleine Mäuse so eine große, dicke Großmutter haben können, aber sie dachten dann, das käme von der Krankheit, und zogen verlegen wieder ab.

Der Frühling kam und dann der Sommer, und Bolo wurde größer. Die Mäuse konnten sich ausrechnen, dass er spätestens in einem Jahr nicht mehr in das Bauernhaus passen würde. Außerdem bekam der Elefant in der warmen Jahreszeit schreckliches Heimweh nach Afrika.

Albert und Iris berieten sich und kamen schnell zu dem Entschluss, mit Bolo nach Afrika zu ziehen. Sie verkauften ihre Felder und den Bauernhof und kauften von dem Geld ein Auto mit einem geräumigen Wohnwagen. Der war für Bolo. Kurz vor der Grenze zum Süden verkleideten sie ihn wieder als Großmutter. Der Trick funktionierte abermals.

Nach einer abenteuerlichen Fahrt und einer Schiffsreise erreichten sie endlich Afrika. Albert und Iris hatten noch etwas Geld übrig. Sie kauften sich eine Farm und lebten dort mit dem überglücklichen Bolo viele, viele Jahre lang, ohne von irgendjemand behelligt zu werden.

Zwei Elefanten im Winter

An einem Tag mitten im Winter kamen einmal zwei Elefanten in ein Landgasthaus. Es waren ein männlicher und ein weiblicher Elefant und sie waren europäisch gekleidet. Die Landessprache konnten sie aber nicht verstehen. Sie trompeteten höflich und machten durch Zeichen verständlich, dass sie ein Zimmer mieten wollten.

Die Wirtin, eine weiße Katze, gab den beiden Elefanten das größte Zimmer, das sie hatte. Solche außergewöhnlichen Gäste hatte sie noch nie gehabt!

Zu Mittag erschienen die beiden Elefanten im Speiseraum und bestellten zwei riesige Portionen Spinat, die sie geschickt mit ihren Rüsseln aßen. Dann verließen sie das Gasthaus und stapften durch den Schnee auf einen Hügel, wo unter einem Baum eine Bank stand. Sie setzten sich auf die Bank und schauten still in die verschneite Landschaft. Selbst als es zu schneien anfing, blieben sie auf der Bank sitzen und schauten vergnügt den fallenden Schneeflocken zu. Erst als es Abend wurde, kamen sie in den Gasthof zurück. Sie aßen wieder eine Menge Spinat (diesmal mit zehn Spiegeleiern) und verschwanden anschließend auf ihr Zimmer. Am nächsten Tag wanderten die beiden wieder auf den Hügel und saßen stundenlang auf der Bank im Schnee und schauten in die Gegend. So machten sie es eine Woche lang, dann reisten sie ab.

Die Wirtin schaute dem Autobus, in den sie gestiegen waren, lange nach. Sehr angenehme Gäste waren das, dachte sie. Die beiden haben gewiss das erste Mal in ihrem Leben Schnee gesehen, anders kann es

nicht sein. Ich hoffe, sie kommen nächstes Jahr wieder. Dann werde ich ihnen zeigen, dass man mit dem Schnee noch mehr machen kann, als ihn bloß anzuschauen! Ich werde ihnen unseren großen Pferdeschlitten leihen, mit dem können sie dann den Hügel hinuntersausen, das wird ihnen sicher Spaß machen ...

Das Blockhaus

Aline, die Maus, hatte schon im Oktober gehört, dass ihr guter alter Freund, der Dachs Norbert, jetzt in einem Haus irgendwo in den Bergen lebte. Aline hatte Norbert lange nicht mehr gesehen. In den letzten Wochen, seit Schnee gefallen war, hatte sie öfter an ihn denken müssen. An seine angenehm brummende Stimme, an sein wohltuend warmherziges Wesen und an seine große Büchersammlung, aus der er ihr oft vorgelesen hatte. In Norberts Haus in den Bergen ist es jetzt sicher hell und warm und gemütlich, dachte die Maus, und ihre Höhle kam ihr gleich eng und stickig vor.
Am nächsten Tag fasste sie einen Entschluss: Ich werde zu Norbert gehen! Ich weiß zwar nicht, wo dieses Haus genau steht, aber so schwer kann es nicht zu finden sein.

Aline zog ihre warmen Mäusestiefel an und einen dicken Wollmantel und wanderte los. Immer höher stieg sie durch den tiefen Schnee den Berg hinauf. Beinahe hätte sie das Haus des Dachses nicht gefunden! Der Abend dämmerte schon und Aline kämpfte sich immer noch durch den finsteren Hochwald. Da setzte auch noch dichtes Schneetreiben ein. Doch der kleinen Maus war nicht bange. Wenn ich das Dachshaus heute nicht mehr finde, grabe ich mir ein tiefes Loch in den Schnee, dachte sie. So kann ich nicht erfrieren ...

Aber dann fand sie doch endlich aus dem Wald heraus und sah vor sich, auf einem kahlen Abhang, das Haus des Dachses stehen! Es war ein Blockhaus. Gelbes, warmes Licht schien durch die Fenster und aus dem hohen Schornstein wehte eine lange Rauchfahne im Wind.

Aline nahm ihre letzten Kräfte zusammen und lief auf das Blockhaus zu. Natürlich freute sich der Dachs riesig über ihr Kommen. Und sie verbrachten einen wunderschönen, gemütlichen Winter in dem einsamen Blockhaus ...

Begegnung im Schnee

Der Kater Maurizius wollte das erste Mal in seinem Leben einen Skiurlaub machen. Er kaufte sich ein Paar Ski und fuhr in einen beliebten Wintersportort in den Bergen. In einem kleinen Hotel war gerade noch ein Zimmer frei.

Kater Maurizius hatte sich das Skifahren spielend leicht vorgestellt. Als er dann aber vor dem steilen Abhang stand, bekam er ein mulmiges Gefühl im Magen. Der Kater nahm seinen ganzen Mut zusammen und fuhr los. Weit kam er nicht. Ein dickes Walross stand plötzlich mitten auf der Piste und Maurizius konnte nicht mehr ausweichen. Die beiden prallten zusammen, der Kater verlor dabei seine Skier und die Skistöcke, dann sausten die beiden in rasender Fahrt den Berg hinunter. Maurizius klammerte sich fest an das Walross. Von weitem sah es aus, als ob er auf einem Schlitten oder Schlauchboot kauerte. Weiter unten kam das Walross von der Piste ab, schlitterte durch einen jungen Nadelwald und fiel mitsamt dem Kater in einen Gebirgssee. Maurizius stieß einen lauten Schrei aus, dann war er auch schon versunken. Das Walross tauchte ihm sofort nach und zog ihn aus dem Wasser. Leute von der Bergrettung hatten den Unfall beobachtet und waren schnell zur Stelle. Aber dem Walross ging es ganz prächtig, es grunzte vor Vergnügen. Die Rutschpartie und das kalte Bad hatten ihm offenbar großen Spaß gemacht. Auch Kater Maurizius hatte sich nicht wehgetan. Er hatte nur einen großen Schreck gekriegt und sah in seinem nassen Fell recht kläglich aus. Die Leute von der Rettung hüllten ihn in warme Decken und brachten ihn auf dem schnellsten

Weg in sein Hotelzimmer. Sie legten den Kater ins Bett, wo er sofort einschlief.

Am nächsten Morgen traf Maurizius das Walross auf der Hotelterrasse. Es aß gerade eine riesige Portion Eis. Maurizius bestellte sich eine Tasse Tee. Er entschuldigte sich für den gestrigen Vorfall und bedankte sich für seine Rettung aus dem Wasser, aber das Walross lachte nur. »Für mich war es ein Vergnügen!«, sagte es. »Wenn du willst, können wir das Gleiche heute noch einmal machen!«

Doch davon wollte der Kater nichts wissen. Er reiste noch am selben Tag ab. Das war sein erster und sein letzter Skiurlaub gewesen.

Besuch aus Afrika

Im vergangenen Oktober hatte Kater Samuel einen Brief nach Afrika geschrieben. Einen Brief an seinen Verwandten, den Löwen Lorenz. »Lieber Lorenz!«, hatte er geschrieben. »Nun ist es schon fünf Jahre her, seit ich bei dir in der heißen Steppe von Afrika war. Ich denke gern an diese schöne Zeit zurück. Ich möchte dir mitteilen, dass ich mein Traumhaus gefunden habe! Es steht in einem See, hoch oben in den Bergen von Katzenland. Rundherum siehst du Wälder und die Luft hier ist einfach herrlich. Lieber Lorenz, du hast mir damals versprochen, mich ebenfalls zu besuchen, wenn ich mein Traumhaus gefunden habe. Es ist so weit! Meine drei Hausmäuse und ich würden uns ganz verrückt freuen, wenn du kommen würdest! Verbringe doch den Winter bei uns! Wir könnten zusammen durch die verschneiten Wälder spazieren und am Abend am Kaminfeuer schöne Gespräche führen. Es würde dir gefallen! Viele Grüße. Dein Sammy.«

Kater Samuel wusste, dass Afrika sehr weit weg war, und er hatte wenig Hoffnung, dass der Löwe kommen würde. Doch siehe da! Mitte Dezember tauchte ein gelbes Flugzeug über dem Gebirgssee auf. Es wurde von einem Affen gesteuert und kam direkt aus Afrika. Es landete auf dem See und heraus stieg der Löwe Lorenz. Kater Sammy holte ihn mit seinem Ruderboot ab.

Dem Löwen gefiel es anfangs sehr gut im Gebirge. Alles war so anders als in Afrika! Und auch Samuels Haus fand er ganz entzückend. Nur das Klima wollte ihm nicht so richtig gefallen. »Sammy, du hast nichts davon geschrieben, dass es hier so kalt ist!«, sagte er eines Tages.

»Ich habe zwar eine lange Mähne und ein gutes Fell, aber irgendwie ist mir immer kalt – besonders an den Füßen.«

»Daran wirst du dich schon gewöhnen«, sagte der Kater. »Die Mäuse werden dir warme Socken stricken und von mir bekommst du ein Paar Filzstiefel.«

Aber leider half das alles nichts. Der Löwe wurde krank. Er bekam einen schlimmen Husten und Fieber und musste ins Bett. Den ganzen Winter lang erholte er sich nur langsam von seiner Krankheit. Er musste all die Monate im Haus bleiben und konnte die verschneite Landschaft nur durch das Fenster betrachten. Kater Samuel und die beiden Mäuse taten ihr Bestes, um ihren Gast wieder gesund zu machen. Doch erst Anfang März, als der Schnee geschmolzen war, ließ sein Husten nach. Und da kam auch schon der Affe mit dem gelben Wasserflugzeug, um Lorenz abzuholen.

Kater Sammy ruderte den Löwen auf den See hinaus. »Also, auf Wiedersehen, Sammy«, sagte der Löwe. »Es tut mir sehr leid, dass ich krank geworden bin und euch so viele Umstände gemacht habe. Euer Winter ist sehr schön anzusehen, aber weniger gut anzufühlen, finde ich. Nächstes Jahr besuchst du mich wieder und darfst auch gern die Hausmäuse mitbringen, abgemacht?«

»Einverstanden!«, erwiderte Samuel und gab seinem Verwandten die Pfote.

Die Kröte und der Schatz

Die zwei Mäuse Nina und Maxi waren begeisterte Taucher. Jedes Jahr reisten sie an einen See und tauchten darin. Sie liebten die geheimnisvollen Stimmungen unter Wasser, das seltsame Licht, die wogenden Wasserpflanzen und die vielen merkwürdigen Tiere, denen sie dort begegneten.

In diesem Jahr hatte Maxi eine kleine Erbschaft gemacht und so konnten sie sich endlich eine Reise ans Meer leisten. Das war immer ihr größter Wunsch gewesen. Maxi mietete ein Motorboot und damit fuhren sie auf das große Wasser hinaus. Schon bei ihrem ersten Tauchversuch machten die beiden Mäuse eine tolle Entdeckung! Sie fanden auf dem Meeresgrund eine versunkene Mäusestadt! Drei Tage lang tauchten sie immer wieder zu den algenbewachsenen Ruinen hinunter und besichtigten alles. Am vierten Tag machten sie dann eine weitere Entdeckung! Goldstücke und Edelsteine schimmerten da in der grünlichen Tiefe – es sah phantastisch aus! Nina und Maxi hatten den verschollenen Schatz des sagenhaften Mäusekönigs Montemausa gefunden! Doch leider saß eine dicke, alte Kröte auf dem Goldhaufen. Sie war über und über mit grünen Warzen bedeckt und schaute die beiden Mäuse aus bösen Augen an.

Nina und Maxi tauchten auf und berieten sich in ihrem Boot. »Wie kriegen wir die Kröte dazu, dass sie wegschwimmt?«, überlegte Maxi. »Sie ist so groß, die lässt sich von uns Mäusen keine Angst einjagen. Muss ein uraltes Viech sein, so, wie die aussieht. Vielleicht ein paar hundert Jahre alt?«

»Ja«, sagte Nina-Maus, »schön ist sie nicht gerade, aber ich glaube

auch nicht, dass sie richtig böse ist. Sie hat so etwas Trauriges in ihren Augen. Ich glaube, zu dieser Kröte ist in den letzten hundert Jahren niemand mehr freundlich gewesen.«

»Hmm ... du könntest Recht haben«, erwiderte Maxi. »Ich habe eine Idee! Wir schenken ihr meine wasserdichte Taschenuhr! Mal sehen, wie sie reagiert!«

»Ja, das ist gut!«, sagte Nina. Maxi holte die Uhr hervor und sie tauchten wieder zum Meeresgrund hinunter. Die Kröte schien sie schon erwartet zu haben. Maxi schwamm langsam näher und ließ die Taschenuhr vor der Kröte zu Boden sinken. Die Kröte beäugte die Uhr und nahm sie in ihre Hände. Nina gab ihr durch Zeichen zu verstehen, dass die Uhr ein Geschenk sei. Da zog sich plötzlich der Mund der Kröte in die Breite und sie begann zu lächeln. Dann entdeckte sie, dass die Uhr tickte, und darüber war sie sehr entzückt. Die Kröte hielt die Uhr an ihr Ohr und nickte begeistert mit ihrem dicken Kopf. Das sollte wohl »Danke schön!« bedeuten. Dann erhob sie sich von dem Schatz und schwamm fröhlich davon.

Die Kröte war weg und Nina und Maxi konnten den Schatz in ihr Boot laden. Ein kleines Häufchen Edelsteine ließen sie zurück, damit die Kröte nicht wieder traurig wurde, wenn sie zurückkehrte. Aber wahrscheinlich hatte sie gar nicht gewusst, dass sie auf einem kostbaren Schatz gesessen war. Was sollte eine Kröte schon mit einem Schatz anfangen?

Das Zauberbuch

Abdul Ben Kadzir, der Wüstenkater, hatte kürzlich ein altes Schloss weit draußen in der Wüste gekauft. Abdul besaß eine große Wohnung in der Stadt, aber manchmal hatte er das Bedürfnis, ganz allein zu sein, weitab von seinen vielen Verwandten und dem Stadttrubel. Dafür war dieses Wüstenschloss genau richtig. Kater Abdul sattelte also sein Kamel und ritt in die Wüste hinaus, um sein Schloss genau zu besichtigen.

Als er nicht mehr weit davon entfernt war, hatte der Kater eine seltsame Begegnung: Zwei Mäuse schwebten in einer fliegenden Kiste durch die Luft und winkten ihm zu. Das war deswegen so erstaunlich, weil die Zeiten der fliegenden Kisten und fliegenden Teppiche lange schon vorbei waren. Niemand außer offensichtlich diesen beiden Mäusen kannte mehr das Geheimnis, wie man Teppiche und andere Gegenstände zum Fliegen bringt. Ja, dachte Abdul, ein fliegender Teppich, das wäre was! Aber die beiden Mäuse in der Kiste waren schon verschwunden.

In den nächsten Tagen richtete sich Abdul in dem Schloss behaglich ein. Er wählte ein großes Zimmer im Hauptgebäude aus, stellte einige Möbel um und breitete einen schweren, alten Teppich auf dem Boden aus. Probehalber setzte er sich auf den Teppich und sagte »Flieg, flieg!« zu ihm, aber der rührte sich nicht von der Stelle.

Als Abdul zufällig aus dem Fenster schaute, sah er plötzlich die beiden Mäuse in ihrer fliegenden Kiste! Sie flogen eine Schleife über dem Schloss, so, als ob sie Acht geben würden, dass niemand sie be-

obachtete. Dann verschwanden sie im Fenster eines turmähnlichen Nebengebäudes.

Nach einer Weile kamen sie wieder heraus und flogen davon. Abdul wusste, dass sich in diesem Gebäude eine Bibliothek befand. Neugierig geworden, ging er hinüber. Auf dem Boden lagen einige Bücher herum. Eines davon war sehr groß und es war in der Mitte aufgeschlagen. Abdul setzte sich auf das riesige Buch und begann zu lesen. Es war ein gewöhnlicher Katzen-Abenteuer-Roman, der Abdul wenig interessierte. Er griff nach einem anderen, kleineren Buch, das daneben lag. Es hatte einen leopardengefleckten Einband und enthielt anscheinend Gedichte. Als Abdul eines der Gedichte gelesen hatte, begann das riesige Buch, auf dem er saß, plötzlich zu schweben!

Die »Gedichte« waren lauter Zaubersprüche, die Gegenstände zum Fliegen brachten. Das große Buch flog mit Abdul durch das Fenster hinaus in den blauen Himmel. Eifrig las der Kater weiter, um schnell zu lernen, wie man so ein fliegendes Buch steuert!

Ein entfernter Verwandter

Zelia, die blaue Echse, war in der Kaktuswüste aufgewachsen. Sie hatte früh ihre Eltern verloren und wurde von einem alten Dachs großgezogen. Als Zelia erwachsen war, starb auch der Dachs. Er hinterließ ihr sein weitverzweigtes Höhlensystem und eine Goldader, die er beim Graben in der Erde entdeckt hatte.

Zelia war also reich. Aber sie war nun ganz allein und sehnte sich nach Gesellschaft. Genauer gesagt sehnte sie sich nach der Gesellschaft einer anderen Echse ihrer Art, einer blauen Echse. Oft schon hatte sie die Wüste durchstreift, aber sie war keiner blauen Echse begegnet. Sollte sie die einzige blaue Echse auf der Welt sein?

Eines Tages traf Zelia auf einer ihrer Wanderungen eine Ratte, die weit in der Welt herumgekommen war. Die Ratte erzählte Zelia, dass es im Urwald, weit unten im Süden, noch eine zweite blaue Echse gab! Sie hatte diese Echse zwar nicht selbst gesehen, aber sie wusste die Adresse eines Katers, der diese Echse mit eigenen Augen gesehen haben wollte. Noch am selben Tag reiste Zelia in den Süden. Der Kater hieß Pierre. Er wohnte in einem Dorf an einem Dschungelfluss und er besaß ein kleines Dampfboot. Alle Leute im Dorf kannten Pierres Geschichte von der riesigen blauen Echse, die er einmal auf einer Flussfahrt gesehen hatte. Doch niemand glaubte ihm.

Als nun Zelia ankam, war der Kater glücklich. »Ja, ja«, sagte er eifrig, »es gibt diese blaue Echse. Sie sieht aus wie du, Zelia, ist aber viel, viel größer. Und sie dürfte sehr scheu sein. Komm, fahren wir zu ihr.

Wenn sie dich sieht, wird sie bestimmt aus ihrem Versteck hervorkommen!« Und so war es auch. Nach zwei Tagen Fahrt auf dem Fluss kam es zur Begegnung mit der riesigen blauen Echse. Zuerst gab es eine Schrecksekunde: Die große blaue Echse wurde vor Überraschung ganz rot, als sie die kleine Zelia sah. Aber das gab sich nach ein paar Minuten. Als sie sich beruhigt hatte, war sie genauso blau wie Zelia. Und die beiden wurden sogleich unzertrennliche Freunde.

Die Brillenschlange

Eines Tages flog ein kleiner, blauer Vogel über den großen Urwaldfluss. Plötzlich sah der Vogel am Ufer des Flusses einen merkwürdigen Korb stehen. Der blaue Vogel landete neben dem Korb und sah ihn sich genau an.

Da bewegte sich der Korb, der Deckel fiel herunter und ein gelbes Gesicht schob sich über den Korbrand. Der blaue Vogel flog erschrocken davon. Er flog zu Timara, der Sumpfschildkröte, die ganz in der Nähe im Schlamm badete. »Timara!«, rief der kleine Vogel aufgeregt. »Dort oben steht ein seltsamer Korb! Ein unheimliches, fremdes Tier ist drin. Komm schnell und sieh es dir an!«

Die Schildkröte kroch langsam zu dem Korb hinauf. Vor ihm angekommen, rief sie: »Hallo! Ist da wer drin? Komm heraus, hab keine Angst!«

Da bewegte sich der Korb wieder, und eine gelbe Schlange, die seltsamerweise eine Brille trug, kam zum Vorschein. Diese Schlange sah gar nicht gefährlich aus. Mit ihrer Brille wirkte sie sogar komisch. Und sie war eindeutig schüchtern.

»Wer bist du und wo kommst du her?«, fragte die Schildkröte.

»Ich bin eine Brillenschlange«, sagte die gelbe Schlange mit zarter Stimme. »Mir ist ein großes Unglück zugestoßen. Ich weiß nicht, was ich tun soll. Mein Herr, der Schlangenbeschwörer, hat mich gestern hier ausgesetzt. Ich war ihm wohl nicht mehr gut genug. Die Leute fürchteten sich nicht mehr vor mir.

Er hat sich hier am Fluss eine andere Schlange eingefangen und

mich einfach zurückgelassen. Ach, was soll ich nur tun? Ich habe ja sonst nichts gelernt, als bei Musik aus dem Korb zu tanzen!«

»Beruhige dich«, sagte die Schildkröte Timara. »Dir ist ganz leicht zu helfen. Sei froh, dass du den Schlangenbeschwörer los bist! Jetzt bist du frei und kannst tun, was du willst.

Und das eine sage ich dir auch: Du bist auf keinen Fall eine Brillenschlange! Schüttle die alberne Brille ab und komm mit zum Wasser. Du bist nämlich eine gelbe Wasserschlange! Im Wasser wirst du dich gleich ganz anders fühlen!«

»Meinst du?«, sagte die gelbe Schlange. Sie streifte die Brille ab und kroch mit der Schildkröte zum Fluss hinunter. Sie glitt ins Wasser und schwamm elegant auf den Fluss hinaus.

»Na, wie fühlst du dich?«, rief ihr die Schildkröte nach.

»Wundervoll!«, rief die Schlange zurück. »Du hast recht, ich bin eine Wasserschlange! Jetzt fange ich ein neues Leben an!«

»Na also«, sagte die Schildkröte und kroch behäbig zu ihrem Schlammbad zurück.

Der kleine, blaue Vogel aber flog eilig in den Urwald, um den anderen Tieren von der Brillenschlange, die gar keine war, zu berichten.

Ein melancholischer Freund

Fenella, die Katze, hatte einen Freund, der jedes Jahr im Herbst kam und das verlassene Storchennest auf dem dürren Baum am See bezog. Der Freund hieß Melchior und war ein Rabe. Fenella kam fast täglich zu dem alten Baum und setzte sich zu Melchior ins Nest.

Dann erzählte ihr Melchior Geschichten von seinen Flügen um die halbe Welt. Das war immer sehr spannend und unterhaltsam, denn der Rabe hatte eine lebhafte und drollige Art, seine Erlebnisse zu schildern. Seine Geschichten waren oft komisch, aber meistens auch unheimlich. Gestern zum Beispiel schilderte er Fenella, wie er von hundertvierundzwanzig transsylvanischen Fledermäusen verfolgt worden war und sich nur dadurch retten konnte, dass er in ein Knoblauchfeld flüchtete.

Melchior konnte auch melancholische Geschichten erzählen. Von einsamen, kahlen Steppen, durch die der Wind herzzerreißende Melodien blies, von schwarzen Teichen im Mondlicht und von uralten, unbewohnten Schlössern, durch die nachts geheimnisvolle Katzen schlichen. Doch das Erzählen solcher Geschichten war auch gefährlich für Melchior. Er fiel dann meistens in schwermütige Stimmungen, aus denen er tagelang nicht herausfand. Die Katze Fenella musste sich dann beeilen, nun ihrerseits fröhliche Geschichten zu erzählen, um den Raben aufzumuntern.

Bei ihrem heutigen Besuch hatte sie Melchior eine lustige, rote Mütze mitgebracht. Wohl um seinen traurigen Stimmungen vorzubeugen, aber auch, damit es ihm schön warm auf dem Kopf war; denn die Herbsttage waren oft kühl und windig ...

Das Schloss in der Wüste

Irgendwo in der Wüste stand ein wunderschönes Schloss. Der Löwenkönig Lambert wohnte darin. Sein Reich erstreckte sich rundherum nach allen vier Himmelsrichtungen, so weit das Auge schauen konnte und noch darüber hinaus. König Lambert lebte sehr zufrieden und beschaulich auf seinem Wüstenschloss. In seinem Reich gab es kaum Probleme, alle Wüstenbewohner liebten und achteten ihn, denn er war ein gütiger König.

Lambert war ein großer Freund der Künste. Er besaß eine umfangreiche Gemäldesammlung und eine Sammlung von Skulpturen. Jeden Monat lud er die besten Musiker des Landes zu sich aufs Schloss. Florin und Fiora, die beiden grünen Mäuse, waren seine engsten Vertrauten und Berater. Sie halfen ihm beim Organisieren der Feste und erledigten seine Post. Jeden Tag machte König Lambert einen ausgedehnten Spaziergang in die Wüste. Florin und Fiora begleiteten ihn dabei, und Fiora las ihm meist die neuesten Gedichte vor, die die Dichter des Landes geschickt hatten.

An diesem Tag aber sah König Lambert beim Spaziergang äußerst sorgenvoll drein. Er wirkte geistesabwesend und kaum ein Lächeln wollte ihm über die Lippen kommen. Florin und Fiora wussten, worüber sich der König solche Sorgen machte. Das Nachbarland im Westen, das Land der Nashörner, hatte einen neuen Herrscher bekommen. Kurox hieß er und schien ein sehr unangenehmer Kerl zu sein. Er behauptete nämlich, ein Drittel von König Lamberts Land gehöre eigentlich zum Land der Nashörner, und auch das Wüstenschloss be-

anspruchte das Nashorn für sich. König Lambert hatte Kurox zu einem Gespräch auf sein Schloss gebeten. Jeden Augenblick konnte das Luftschiff mit dem Nashornherrscher eintreffen. Ob es dem Löwenkönig gelingen wird, mit seinem Nachbarn zu einer friedlichen Einigung zu kommen?

Die zwei klugen Mäuse hatten für dieses Treffen heimlich Vorbereitungen getroffen. Sie hatten die zehn besten Bongospieler des Landes im Schloss versammelt; denn sie hatten erfahren, dass der Nashornherrscher eine Schwäche für Trommelmusik hatte. Wir wollen hoffen, dass in diesem Fall die Freude an der Kunst stärker ist als die Lust an der Macht.

Der erkältete Eber

Engelbrecht, der Eber, sah zwar sehr robust aus, aber er hatte ein zartes Gemüt und litt öfter an kleinen Wehwehchen. Einmal zwickte es ihn hier, einmal dort; wenn es warm wurde, war er müde; war es kalt, verließ er erst recht nicht seine Hütte, aus Angst, sich zu erkälten. So hatte er in diesem Winter erst ein einziges Mal seine Behausung verlassen und sich dabei prompt eine echte Erkältung zugezogen. Da er so selten ins Freie ging, war er gegen Kälte tatsächlich besonders empfindlich geworden.

Nun lag er mit Fieber im Bett und stöhnte und röchelte, als ob es mit ihm zu Ende ginge. Die beiden Mäuse Kelli und Zamina, die den Winter über bei Engelbrecht zur Untermiete wohnten, taten alles, um den armen Keiler zu beruhigen. Aber er jammerte immer mehr, und die Mäuse merkten, dass er tatsächlich Fieber haben musste. Da half auch die rote Schlafmütze nicht mehr, die ihm Kelli-Maus aufgesetzt hatte. (Sie war nämlich der Meinung, dass rote Schlafmützen das Fieber senken.) Schließlich holte Zamina Dr. Rabe, den Arzt.

»Herr Doktor, helfen Sie mir, ich bin ganz, ganz schwer erkrankt!«, rief Engelbrecht mit ziemlich kräftiger Stimme, als der Arzt in seine Hütte trat. »Na, mal sehen, lieber Engelbrecht«, sagte Dr. Rabe. (Da er einen harten Schnabel hatte, konnte man nicht sehen, dass er lächelte. Aber seine Augen blitzten ganz vergnügt.) Dr. Rabe dachte nämlich, dass der Eber wieder nur an einer eingebildeten Krankheit litt, wie schon so oft.

Als aber Dr. Rabe den Keiler dann untersuchte, sah er, dass er wirk-

lich eine nette Erkältung erwischt hatte. »Muss ich sterben, Herr Dr. Rabe?«, fragte Engelbrecht ängstlich.

»Was redest du da! So ein Unsinn!«, sagte Dr. Rabe mit gespieltem Ärger. »Nimm täglich einen Esslöffel von dieser Medizin, zusammen mit dieser Sorte Tee, und in einer Woche bist du gesund. Ich komme übermorgen wieder vorbei!«

Der Doktor nahm seinen Hut und ging. Die Mäuse kochten sofort Tee und flößten Engelbrecht die Medizin ein. Dann schlief der Eber. Schon am nächsten Tag ging es ihm bedeutend besser. Die Fledermaus, die an der Decke hing, bekam von alldem nichts mit. Sie schlief den Winter durch. Die Eule auf dem Lampenschirm schaute nur zu. Wer weiß, was sie dachte ...

Der verzauberte Hut

Manuel Haselmaus und Didi Feldmaus waren im August in ihr neues Baumhaus gezogen. Manuels Cousin Felix besuchte sie gerade. Sie tranken Holundersaft und aßen Kuchen, als sie einen riesigen Hut durch die Luft herbeifliegen sahen. Der Hut landete genau vor der Tür des Baumhauses. Neugierig liefen die Mäuse hinaus. Im Hutband steckte ein Brief, der an Manuel und Didi adressiert war. Der Absender war ein alter Bekannter von ihnen, der Rabe Baldwin. Er schrieb: »Lieber Manuel, lieber Didi, ich lebe zurzeit im Land der sieben Burgen und gehe bei einem Zauberer in die Lehre. Einige Zauberkunststücke beherrsche ich schon recht gut. So schicke ich euch hier diesen verzauberten Hut. Setzt euch darauf und bindet euch mit dem Seil fest. Der Hut wird euch im Nu zu mir fliegen! Bis bald! Euer Rabe Baldwin.«

Manuel und Didi beschlossen sofort, die Einladung anzunehmen. Natürlich wollte Manuels Cousin Felix auch mitkommen. Da der Hut groß genug schien, war Manuel einverstanden. Kaum hatten die drei Mäuse den Hut bestiegen, da flog er schnell wie ein Vogel davon. Manuel und Didi hatten sich mit dem Seil angebunden, Felix hielt sich am Hutband fest. Leider war durch den dritten Passagier das Gewicht ungleichmäßig verteilt, so dass sich der Hut während des Fluges wie ein Kreisel zu drehen begonnen hatte. Mit der Zeit wurde den Mäusen richtig schwindlig und Felix rief: »Hilfe! Mir wird schlecht! Ich kann mich nicht mehr festhalten!«

Da tauchten auch schon die sieben Felsen mit den sieben Burgen vor

ihnen auf! Der Hut drehte sich immer toller, Felix konnte sich nicht mehr halten und rutschte die Krempe hinunter. Am aufgebogenen Rand des Hutes konnte er sich gerade noch festhalten. Manuel hatte das Seil losgebunden und warf es Felix zu. Der arme Felix war in einer schrecklichen Lage.

Was für ein Glück, dass der Rabe Baldwin durch ein Turmfenster den heranfliegenden Hut gesehen hatte! Er nahm seinen Zauberstab und flog, so schnell er nur konnte, den drei Mäusen entgegen. Mit einem Zauberspruch beruhigte er den Hut und Manuel konnte Felix hinaufziehen. Wenig später landeten alle wohlbehalten auf der sechsten Burg.

»Das ist noch einmal gut gegangen!«, sagte der Rabe Baldwin. »Wenn ich gewusst hätte, dass ihr zu dritt kommt, hätte ich euch einen größeren Hut geschickt – einen Dreispitz!«

Das Schiff im Sandmeer

Hassan, der Fuchs, ritt auf seinem Kamel durch die Sandwüste. Er trieb das Kamel zu höherem Tempo an, denn er wollte noch vor Einbruch der Dunkelheit die nächste Oase erreichen. Plötzlich sah der Fuchs ein großes, weißes Ding in der Ferne. Zunächst dachte er, dass es ein Wüstenschloss sei, doch beim Näherkommen entpuppte sich das weiße Gebäude als ein Dampfschiff. NORA stand in großen Buchstaben am Bug, und an der Reling lehnte Olaf Bär, der Kapitän. Erstaunt fragte der Fuchs, wie das Schiff in die Wüste gekommen sei, und Kapitän Olaf erzählte ihm die ganze Geschichte.

Die NORA befuhr seit zwei Jahren die Meere. Ihre Erbauer hatten geschworen, dass sie ein absolut unsinkbares Schiff sei. Und tatsächlich hatte sie in diesen zwei Jahren fünf gewaltige Stürme überstanden – Stürme, in denen jedes andere Schiff untergegangen wäre.

Einmal, das war vor ungefähr einem halben Jahr gewesen, geriet die NORA jedoch in ein schweres Seebeben, das eine fünfzig Meter hohe Flutwelle verursachte. Das Schiff wurde von dieser gigantischen Welle erfasst und fortgerissen. Und wieder versank die NORA nicht, sondern hielt sich immer oben auf dem Kamm der Flutwelle. Die Welle schwappte über das Meeresufer und rollte weit in die Wüste hinein. Je weiter sie hineinrollte, desto niedriger wurde sie, und schließlich setzte sie das Schiff samt Kapitän, Mannschaft und Passagieren unversehrt auf dem Wüstenboden ab. Das Wasser floss zurück und kurz darauf war es still um das Schiff. Niemandem war etwas passiert.

NORA

In den darauf folgenden Tagen wurden die Passagiere von einer vorbeiziehenden Karawane zur nächsten Stadt mitgenommen, von wo sie ihre Heimreise antraten. Nur Kapitän Olaf Bär blieb auf seinem geliebten unsinkbaren Schiff NORA zurück. Nie im Leben würde er es verlassen! Ja, Kapitän Olaf hoffte insgeheim auf eine weitere Flutwelle, die sein Schiff wieder mit hinaus aufs Meer spülen würde.

Das Regenmusikhaus

An einem heißen Sommertag beschloss Ilse, die Waldmaus, ihre Freundin, die Katze Laura, zu besuchen.

Laura wohnte in einem Mietshaus, unten in Katzenheim. Ilse brauchte eine gute Stunde, bis sie in Katzenheim ankam. Sie war müde und durstig, aber sie wusste, dass sich der weite Weg lohnte. Bei Laura gab es immer Interessantes zu sehen. Sie wechselte ständig ihre Hobbys und sie war auch sehr erfinderisch und handwerklich begabt. Als Ilse beim Haus der Katze ankam, teilte ihr die Hausmeisterin mit, dass Laura ausgezogen war. Ihre neue Adresse war unbekannt. Die Maus hatte also den langen Weg umsonst gemacht. Etwas verstimmt wanderte sie wieder nach Hause.

Doch am nächsten Tag bekam Ilse einen Brief von ihrer Freundin Laura! »Liebe Ilse!«, schrieb sie. »Ich bin umgezogen. Habe jetzt ein eigenes Haus. Es steht am Rand der Ebene, nördlich von Katzenheim. Es ist leicht zu finden. Du musst mich unbedingt besuchen. Und zwar an einem Regentag! Das ist sehr wichtig! Ich habe nämlich eine neue Erfindung gemacht, die mit dem Regen zusammenhängt. Du wirst staunen. Bis bald, deine Laura.«

Zwei Tage darauf regnete es. Die Maus Ilse nahm ihren roten Regenschirm und machte sich auf den Weg.

Sie spazierte durch den Wald, kletterte über zwei Hügel und dann stand sie vor Lauras neuem Haus. Doch wie sah dieses Haus aus! Sein Dach war mit lauter Gerümpel behängt und beladen. Lauter Blechgerümpel, meist altes Geschirr. Und was der Regen darauf für einen

eigenartigen Lärm machte! Die Katze Laura hatte schon auf Ilse gewartet. »Komm nur herein!«, sagte sie. »Na, was sagst du zu meinem Regenmusikhaus?«

Die Maus war vorerst sprachlos. Im Inneren des Hauses waren die vielfältigen Geräusche des Regens noch stärker zu hören. »Ich weiß nicht so recht«, sagte Ilse. »Etwas ungewohnt, das Ganze ...«

Als sie dann zusammen Kaffee tranken, hatte die Maus schon das richtige Gefühl für das Regenmusikhaus bekommen. Es war tatsächlich eine Art Musik, die die Regentropfen auf dem Dach machten! Eine etwas unmelodische, aber irgendwie sehr lustige Musik. Laura und Ilse lehnten sich in ihren Stühlen zurück und lauschten ...

»Als Nächstes«, sagte Laura, »montiere ich eine Harfe auf dem Dach.

Dann habe ich nicht nur ein Regenmusikhaus, sondern auch ein Windmusikhaus. «

Der schlimme Bär

Schurfi, der junge Maulwurf, fühlte sich heute besonders stark! Schon seit dem Morgen grub er an einem ganz langen und tiefen Gang unter der Erde. Mein Vater wird bestimmt sehr stolz auf mich sein, wenn ich ihm diesen Gang zeige, dachte Schurfi. Nun fand er den Erdgang ausreichend lang und grub nach oben. Bin neugierig, wo ich herauskommen werde, dachte der Maulwurf. Da stieß er mit seinen Grabepfoten an eine Steinplatte. Schnell legte er sie frei und stemmte sie in die Höhe. Schurfi sah, dass er in einem kleinen Raum herausgekommen war. Das Fenster war vergittert und auf einer Holzpritsche saß ein komischer Bär mit merkwürdig blauen Augen. »Hallo«, sagte Schurfi. »Du wohnst aber in einem ungemütlichen Zimmer. Und nicht einmal ein richtiges Bett hast du!«

»Ja«, sagte der Bär. »Ich bin ganz arm. Ein ganz, ganz armer Bär bin ich. Zu essen habe ich nur ein Stückchen altes Brot und zu trinken nur Wasser. Ich bin schon ganz schwach und krank. Meine Frau ist vor zwei Tagen verreist und hat mich aus Versehen in unserer Wohnung eingesperrt. Ich habe den Wohnungsschlüssel verloren, musst du wissen. Ach, kleiner Maulwurf, sei so nett und mach deinen Erdgang breiter, damit ich ins Freie kriechen kann!«

»Du Armer!«, rief Schurfi. »Gleich werde ich dich befreien! Warte, ich hole meinen Vater und andere Maulwürfe, damit sie mir helfen!«

»Nein!«, rief der Bär. »Bleib hier!«

Aber das hörte Schurfi nicht mehr. Er hatte die Steinplatte zugemacht und kroch eilig den Erdgang zurück, zur Höhle seiner Eltern.

Dort erzählte er atemlos, was er gesehen und gehört hatte und wie leid ihm der Bär tat.

»Ein Bär mit blauen Augen, und er sitzt in einem vergitterten Zimmer?«, sagte Schurfis Vater. »Junge, du hast einen Gang in eine Gefängniszelle gegraben! Und der Bär ist der gefährliche Alfred, ein berüchtigter Einbrecher, Trickbetrüger und Taschendieb! Komm schnell, verstopfen wir den Tunnel, bevor er sich selber herausgraben kann!«

Die Schiffbrüchigen

Siegfried, das Eichhörnchen, der Kater Stani und zwei Käfer lebten in einer Hütte am Meer. Siegfried war ein Meisterkoch. Er kochte dem Kater Stani und den beiden Käfern täglich die leckersten Speisen. Er musste dabei zweierlei Essen kochen, denn die Käfer mochten nicht alles, was der Kater aß, und umgekehrt. Aber das machte Siegfried nichts aus. Kochen war seine Lieblingstätigkeit ...

Der Kater Stani lag die meiste Zeit im Liegestuhl vor der Hütte und las in einem Buch. Stani besaß eine Bibliothek von dreißig Büchern und er hatte sie alle schon gelesen. Ja, einige davon las er bereits zum dritten Mal und zwei der Bücher konnte er auswendig hersagen. Er war ein richtiger Bücherkater.

Eines Tages brach ein furchtbarer Sturm aus. Die Hütte bebte in allen Fugen und es regnete zwei Wochen ohne Unterbrechung. Das Meer trat aus seinen Ufern und drohte die Hütte der Freunde zu überfluten. Schließlich war das Wasser so hoch gestiegen, dass sich Siegfried, Stani und die beiden Käfer auf das Dach flüchten mussten. Gott sei Dank hörte nun der Regen auf. Aber das Wasser wich nicht zurück. Stani hatte selbstverständlich seine Bücher mit aufs Dach genommen. Doch Siegfried hatte nur ein paar Äpfel vor dem Hochwasser retten können. Von diesen Äpfeln lebten sie drei Tage lang.

Gerade als sie den letzten Apfel essen wollten, sahen sie ein großes Schiff herbeisegeln! Das Schiff gehörte Günter, dem Dachs. Der Dachs nahm die vier samt Stanis Büchern an Bord. Das war Rettung

LAND
WASSER

in letzter Sekunde! Günter-Dachs hatte auf seinem Schiff fünf Fässer mit Honig geladen, die er zur Bäreninsel bringen wollte. Siegfried, das Eichhörnchen, übernahm sofort die Schiffsküche und buk köstliche Honigkuchen.

Nach zwei Tagen Fahrt geriet das Schiff in einen Wirbelsturm, der so gewaltig war, dass es auseinanderbrach und versank. Zum Glück konnten sich alle retten.

Als der Sturm vorüber war, schwamm eine seltsame Gesellschaft auf dem stillen Meer. Günter-Dachs und Siegfried saßen auf einem Honigfass, die beiden Käfer hatten sich in eine leere Sardinenschachtel gerettet und Stani-Kater lag in einer schwimmenden Kiste mit Sonnenschirm. Der musste es immer am bequemsten haben! Sogar sein Lieblingsbuch hatte er gerettet. Und in einer kleinen Zündholzschachtel schwammen elf Schiffsholzwürmer. Siegfried hatte seinen letzten Apfel mitgenommen. Mit dem versuchte er, Fische zu angeln. Der Dachs hielt mit seinem Fernrohr nach Land Ausschau. Ein Maikäfer neckte ihn damit, dass er ihm dauernd das Bild einer Insel vor die Linse hielt.

Am zweiten Tag nach dem Schiffbruch flog ein Ballon mit zwei Grillen herbei und die Grillen warfen eine Ankerschnur herunter. Die beiden Grillen wussten, in welcher Richtung die Bäreninsel war. Im Nordosten, gar nicht mehr weit. Günter-Dachs setzte das Segel und bereits am nächsten Morgen kam die ganze Gesellschaft bei der Bäreninsel an.

So waren nun die Schiffbrüchigen endgültig gerettet.

Das Hubschrauberschloss

In der weiten Wüste leben nur wenige Leute. Aber auch sie bekommen Post. Es muss also auch dort einen Postzustelldienst geben, einen Wüstenbriefträger sozusagen.

Josua, der Wüstenmäuserich, war so ein Briefträger. Doch es gab noch einen anderen Zustelldienst. Der bestand aus drei Füchsen, die mit schnellen Kamelen die Post zustellten. Aber Josua hatte sich etwas einfallen lassen, wie er noch schneller als die Füchse zu den Postempfängern kam!

Er hatte sich mit Morla, der Wüstenrennschildkröte, angefreundet. Morla war ein außergewöhnliches Tier. Schildkröten sind normalerweise langsam und leben im Wasser. Morla jedoch konnte so schnell laufen wie ein Wiesel und Wasser brauchte sie nur einmal in der Woche zu trinken. Josua hatte ihr seinen Plan erklärt und Morla war einverstanden. Es gab da einen großen Kaktuswald, den die Füchse umgehen mussten, da sich die Kamele wegen der vielen Stacheln nicht hineintrauten. Die Schildkröte aber hatte keine Angst vor den Kaktusstacheln. Sie war klein und konnte unter den Kaktushecken durch laufen, ohne sie zu berühren. So konnte Josua also auf Morlas Rücken die Abkürzung durch den Kaktuswald nehmen und die Post schneller als die Füchse zu den Bewohnern der Wüste bringen.

Das Postzustellen machte ihr und Josua großen Spaß und sie waren bei den Wüstenbewohnern gern gesehen. Mit der Zeit kannten sie sich in der Wüste aus wie in ihrer eigenen Westentasche. Nur einmal

verirrten sich die beiden! Nach einem mittleren Wüstensturm hatten sie die Orientierung verloren. Morla lief und lief, aber es war weit und breit keine Siedlung zu entdecken.

Erst am späten Nachmittag kamen Josua und Morla zu einem seltsamen Wüstenschloss. Das Hubschrauberschloss der Katzen! Josua hatte davon schon einmal gehört. Es war ein Luftkurort mitten in der Wüste. Erholungsbedürftige Katzen wurden täglich in Hubschraubertürmen durch die klare Wüstenluft geflogen ...

Josua ritt zum Schloss hinauf. Er und Morla wurden von den Katzen sehr freundlich empfangen, und sie blieben gleich einige Tage in dem Hubschrauberschloss und ruhten sich aus.

Das Haus im Kaktus

In einem trockenen, von spitzen Felsen eingesäumten Wüstental lebte einmal eine Wüstenmaus. Sie hatte dort ein kleines, weiß getünchtes Häuschen und darin wohnte sie. Schon lange hatte sie ihre finstere Sandhöhle aufgegeben, denn in so einem luftigen Häuschen zu wohnen gefiel ihr viel besser. Eines Tages aber kam ein wilder Puma in diesen Teil der Wüste. Er war ein rauer Geselle, dieser Puma, und Mäuse betrachtete er als willkommene Mahlzeit.

Zum Glück hatte ihn die Wüstenmaus schon von weitem heranschleichen sehen. Blitzschnell verließ sie ihr Häuschen und huschte in ihre alte Wohnung unter der Erde, wo sie der Puma nicht erwischen konnte. Als der Puma sah, dass ihm die Maus entkommen war, brüllte er zornig und zerschlug mit seinen großen Pranken das Häuschen. Die Wüstenmaus hörte unter der Erde, wie der Puma herumtobte. Schade um mein Haus, dachte sie. Aber wenigstens bin ich heil geblieben. Wie gut, dass ich noch meine Sandhöhle habe!

Nach einer Weile war es oben still geworden. Doch die kluge Maus hütete sich, die Höhle zu verlassen! Sie spürte nämlich, wie warme Luft in ihre Höhle strömte, und diese Luft roch gar nicht gut! Es war die Atemluft des Pumas, der am Eingang ihrer Höhle lauerte. Zwei Stunden lang strömte diese üble Luft in die Mäusehöhle. Die Wüstenmaus musste sich die Nase zuhalten. Dann wurde die Luft plötzlich wieder rein. Der Puma war offenbar abgezogen. Die Maus blieb aber zur Sicherheit ganze zwei Tage und zwei Nächte ruhig in ihrer Höhle

sitzen. Erst als ihr Durst unerträglich geworden war, wagte sie sich vorsichtig ins Freie. Der Puma war weg. Die Maus atmete erleichtert auf.

Sie ging zu einem jungen Kaktus und biss ein Loch hinein. An dem herausrinnenden Saft stillte sie ihren Durst. Und dabei hatte die Wüstenmaus eine ungewöhnliche Idee! Sie baute sich ein Häuschen, und zwar mitten auf einem kleinen Kaktus!

Der Kaktus wuchs rasch und nach einigen Monaten konnte die Maus von ihrem Fenster aus weit in die Runde schauen. Sie hatte sich auch eine Strickleiter geflochten, über die sie, ohne sich an den Stacheln des Kaktus wehzutun, in ihr Haus gelangen konnte.

Eines Tages kam auch der Puma wieder in das Felsental. Er schnupperte und fand rasch das Mäusehaus. Doch wieder konnte er nicht an die Maus heran! Die Stacheln des Kaktus schützten sie – besser als ein Panzer. Der wilde Puma strich eine Weile knurrend um den Kaktus, dann gab er auf und trollte sich. Von ihrem Häuschen aus konnte ihm die Maus noch lange nachsehen, bis er immer kleiner wurde und in der Wüste verschwand …

Die Mäusefamilie

Der Uhu Erwin wohnte in einem uralten, hohlen Baum. Er wohnte dort schon lange und fühlte sich sehr wohl. Tagsüber schlief er in der dunklen Baumkammer und ruhte sich von seinen weiten Nachtflügen aus. In der Nähe von Erwins Baum stand auf einem Hügel ein kleines Haus. Ein alter Hirschkäfer und seine Frau hatten darin gewohnt. Sehr angenehme, ruhige Nachbarn waren das gewesen.

Doch vor einigen Wochen war der alte Hirschkäfer plötzlich verstorben und seine Frau hatte das Haus verkauft. Eine Mäusefamilie lebte nun in dem kleinen Haus, und seit diese Mäuse hier waren, hatte der Uhu Erwin keine Ruhe mehr! Die Mäuse hatten nämlich acht Kinder und die waren keineswegs mäuschenstill! Sie schrien und tobten den ganzen Tag im Haus herum und der Uhu konnte bei diesem Lärm nicht mehr schlafen. Er musste ja bei Tag schlafen, denn er war ein Nachttier. Der Uhu flog zum Mäusevater und beschwerte sich. Der Mäusevater hatte großen Respekt vor dem Uhu und versprach ihm, dass bald Ruhe im Haus sein würde.

Am nächsten Tag war es tatsächlich ruhig im Mäusehaus. Mäusevater und Mäusemama erzählten ihren Kindern abwechselnd Geschichten. Aber bereits am Tag darauf gingen den Mäuseeltern die Geschichten aus und der Lärm fing von neuem an. Da setzte der Mäusevater seine acht Kinder in den langen Mäusekinderwagen und fuhr mit ihnen spazieren, damit der Uhu schlafen konnte. Stundenlang schob er den schweren Kinderwagen durch die Gegend. Alles nur, damit der

Uhu nicht böse wurde, denn in früheren Zeiten haben Uhus Mäuse gefressen und man konnte ja nicht wissen ...

Der Uhu Erwin schaute aus seinem Baumhaus und sah den Mäusevater mit seiner seltsamen Karosse vorbeifahren. Armer Teufel, dachte der Uhu. Meinetwegen hast du jetzt ein schweres Leben. Das kann ich nicht auf mein Gewissen nehmen. Außerdem sollten sich Kinder doch austoben können! Ich werde mir eine neue Wohnung suchen. Drüben im Wald steht eine hübsche Turmruine, dort werde ich hinziehen ...

Der Sägefisch

Till, der Kater, hatte vor vielen Jahren beim Tauchen einen gelben Fisch kennen gelernt und sich mit ihm angefreundet. Da Fische ja nicht reden können, hatten die beiden im Laufe der Zeit eine Zeichensprache entwickelt, mit der sie sich perfekt verständigen konnten. Im Sommer ging Till fast jeden Tag tauchen. Er suchte nach versunkenen Schiffen, in der Hoffnung, einmal in so einem Wrack einen Schatz zu finden. Jeden Morgen wartete der gelbe Fisch am Bootssteg schon auf ihn. Till fuhr hinaus aufs Meer, und der gelbe Fisch schwamm vor seinem Boot her und deutete ihm mit Bewegungen seiner Flossen, wo er anhalten sollte. Meistens lag an diesen Stellen ein Wrack auf dem Meeresgrund.

Einmal entdeckten die beiden ein besonders gut erhaltenes Schiffswrack. Es war ein hölzernes Segelschiff mit Namen »Anna«. Es sah sehr alt aus, und Till wurde ganz aufgeregt, als er es erblickte. »Das ist sicher ein Schatzschiff!«, deutete er dem gelben Fisch. Der gelbe Fisch schwamm rasch um das Schiff herum und schaute auch auf dem Deck nach. »Alles verschlossen!«, signalisierte er dem Kater. Till klopfte an das Holz des Schiffrumpfes. Es war leider überhaupt nicht morsch. Da war nichts zu machen. Der Kater wollte etwas zu dem gelben Fisch sagen, aber als er sich nach ihm umdrehte, sah er, dass der kleine Fisch verschwunden war. Till wartete eine Weile. Er wollte schon auftauchen, da kam der gelbe Fisch mit einem großen Sägefisch zurück. Ja, der kleine, gelbe Fisch war wohl sehr beliebt und hatte viele Freunde unter Wasser! Im Nu hatte der Sägefisch ein großes

ANNA

Loch in das Wrack gesägt. Till leuchtete in das Innere des Schiffes, aber es war leer. Wieder keinen Schatz gefunden! Aber dafür einen neuen Unterwasserfreund! Von diesem Tag an begleitete der Sägefisch oft die beiden Schatzsucher. Er sägte noch so manches Wrack auf und einmal fanden sie tatsächlich einen großen Schatz. Aber das ist eine andere Geschichte ...

Der fremde Frosch

Seit einigen Wochen ging ein Gerücht unter den Tieren um: Ein steinreicher, fremder Frosch soll sich unten in der Ebene angesiedelt haben. Auf einem Hügel soll er sich eine riesige Luxusvilla gebaut haben, die Tag und Nacht von unheimlichen, gefährlichen Bestien bewacht wird! Sein Bett soll aus massivem Gold und die Räume der Villa sollen so mit Geldsäcken gefüllt sein, dass man kaum gehen kann. Angeblich ist der Frosch aus Afrika eingewandert, wo er eine Goldmine und eine Diamantenmine besessen haben soll. Keines der Tiere traute sich noch in die Ebene hinunter. Nur der Fuchs, der sich vor nichts und niemand fürchtet, ging eines Abends zur Villa des fremden Frosches. Er wollte nachschauen, ob das Gerücht stimmte, und hatte vorsorglich auch gleich sein Einbruchswerkzeug mitgenommen. Er schlich durch die Ebene und hielt nach einer riesigen Villa Ausschau. Doch da war nirgendwo ein derartiges Gebäude. Nur ein komischer, windschiefer Turm stand auf dem Hügel. Sollte das die »Villa« sein? Der Fuchs schlich näher. Tatsächlich! Im Obergeschoss schlief der fremde Frosch! Sein Bett war bloß aus Messing und auch sonst sah alles eher ärmlich aus. Nur das mit dem gefährlichen Tier stimmte: Vor der Haustür lag nämlich ein schlafendes Krokodil. Der Fuchs kehrte rasch um und erzählte den Tieren am nächsten Tag, was er gesehen hatte. Der Feuersalamander traute sich als Erster, den fremden Frosch bei Tageslicht zu besuchen. Er sprach sogar mit ihm. Dabei stellte sich heraus, dass der Frosch sehr freundlich war. Er lebte vorher in einem Teich im Süden und er war arm wie eine Kirchenmaus.

Selbst das Krokodil war ganz ungefährlich. Es war uralt, hatte kaum noch Zähne und schlief die meiste Zeit. Der Frosch kümmerte sich um das Krokodil, das war alles.

Die Tiere hörten dem Feuersalamander enttäuscht zu. Keine Villa? Keine Geldsäcke, kein Bett aus Gold und keine wilden Bestien? Na, das war ja fast eine alltägliche Geschichte, die kaum jemand interessierte.

Schade um das schöne Gerücht ...

Das Luftschiff »Qualle«

Es gab einmal eine Zeit, da war der Himmel an manchen Tagen voll von Ballons und Luftschiffen. Langsam und majestätisch fuhren sie mit dem Wind dahin, bauchig oder rund, in allen Farben, viele mit Wimpeln und Fahnen geschmückt. Alle diese Luftschiffe hatten kein besonderes Ziel. Sie fuhren, »wohin der Wind sie wehte«, ja, die Leute hatten damals massenhaft Zeit.

Eines dieser Luftschiffe wurde von Insekteningenieuren erfunden und gebaut. Sie nannten es einfach »Qualle«, weil es entfernt an das Aussehen dieses Meerestieres erinnerte. Die »Qualle« wurde damals viel bestaunt und bewundert.

Erstens sah sie wunderschön aus, und zweitens besaß sie eine raffinierte Antriebsmaschinerie, die zu der Zeit absolut neu war. Mit dieser eingebauten Dampf- oder Rauchmaschine (so genau weiß man das heute nicht mehr, wie das funktionierte) konnte das Luftschiff überall punktgenau landen. Es konnte weitaus höher als alle anderen Luftschiffe aufsteigen und was besonders hübsch war: Die »Qualle« konnte sich während der Fahrt durch die Luft um ihre eigene Achse drehen. Ganz langsam natürlich, damit keinem der Passagiere schwindlig wurde.

Auf einer der ersten Ausfahrten der »Qualle« lernten sich Kater Wilbert und die Katze Jennifer kennen. (Auf dem Bild sind die beiden vorne in der Mitte zu sehen.) Sie verliebten sich ineinander und haben dann ziemlich bald geheiratet.

Sie bekamen sechzehn Kinder (was aber bei Katzen wirklich nichts Ungewöhnliches ist). Interessant ist noch, dass Kater Wilbert nach diesem Flug Luftschiffbautechnik zu studieren begann und drei Jahre später an der Entwicklung des ersten motorbetriebenen Flugzeuges maßgeblich beteiligt war.

Die Mäuse und der Uhu

Jeden Abend kamen die Mäuse aus ihren Erdwohnungen und versammelten sich um den großen Stein auf der Wiese. Sie plauderten, besprachen dies und das und waren immer gut aufgelegt. Aber eines schönen Sommernachts tauchte ein großer, weißer Uhu über der Wiese auf. Die Mäuse huschten blitzschnell in ihre Löcher, denn Uhus und Eulen sind in der Nacht auf Mäusejagd, das wusste schon jede kleine Maus. Aber dieser Uhu verhielt sich gänzlich ungewohnt. Er landete auf dem Stein, um den zuvor die Mäuse gesessen hatten und rief: »Habt keine Angst vor mir, ich fresse keine Mäuse! Ich will mich nur mit euch unterhalten!« Doch die Mäuse trauten ihm nicht. Einige von ihnen schauten kurz aus den Löchern und zogen schnell wieder die Köpfe ein, als ihnen der Uhu zuwinkte. »Ich bin wirklich euer Freund!«, rief er wieder. Aber keine Maus wagte sich ins Freie. Der Uhu blieb noch eine Weile sitzen und schaute in die Runde. Dann flog er plötzlich auf und verschwand in der Nacht. An diesem Abend blieben alle Mäuse in ihren Löchern. Erst am nächsten Abend trauten sie sich wieder heraus und versammelten sich wieder um den Stein auf der Wiese. Sie besprachen den gestrigen Vorfall, da kam auf einmal der weiße Uhu abermals angeflogen. Und wieder sausten alle Mäuse in ihre Erdhöhlen. Der Uhu ließ sich auf dem Stein nieder. Diesmal hatte er ein rotes Buch bei sich. Das schlug er auf und begann laut zu lesen. Es waren lustige Mäusegeschichten, die er vorlas. Sie waren wirklich sehr lustig, und spannend waren sie auch noch.

ERWIN MOSER

Zuerst kroch eine von den kleinen Mäusen aus ihrem Loch und näherte sich dem Uhu. Ihr gefiel die Geschichte ganz besonders und sie lachte immerzu. Als sie schließlich dicht vor dem Uhu saß und dieser immer noch weiterlas, wagten sich auch die anderen Mäuse heraus. Am Ende saßen alle im Kreis um den Uhu und hörten atemlos den spannenden Geschichten zu. Der weiße Uhu war ein echter Mäusefreund.

Von da an kam er fast jeden Abend auf die Wiese, las aus dem Buch vor und erzählte auch eigene Geschichten. Und wenn einmal eine Eule oder ein anderer Uhu, der Appetit auf Mäuse hatte, auftauchte, so vertrieb sie der weiße Uhu. So einen schönen Sommer hatten die Mäuse schon lange nicht mehr gehabt!

Der furchtlose Frosch

Rüdiger, der Frosch, lebte in einer Schilfhütte an einem großen Teich. Dort schlief er in der Nacht. Doch tagsüber verbrachte er die meiste Zeit auf und unter dem Wasser des Teiches und spielte lustig mit den anderen Fröschen, die ebenfalls am Teich wohnten.

Einmal unterhielt sich Rüdiger mit seinem Freund Gabol. »Ich würde gern einmal im Meer schwimmen!«, sagte er. »Dort soll es riesige Wellen geben. Das wäre ein Spaß!«

»Ich weiß nicht«, sagte Gabol. »Mir ist das Meer unheimlich. Und das Salzwasser brennt bestimmt in den Augen. Nein, danke. Mir wäre das zu gefährlich!« Aber Rüdiger lachte nur. Eine Woche später fuhr er per Autostopp ans Meer und verwirklichte seinen Traum. Er mietete sich ein kleines Ruderboot und ruderte auf das endlos weite Wasser hinaus. Es gingen an diesem Tag nur kleine Wellen und Rüdiger war fast ein bisschen enttäuscht. Er sprang ins Wasser, schwamm eine Weile herum und legte sich dann wieder ins Boot. Dort nahm er ein ausgiebiges Sonnenbad und schlief dabei ein.

Rüdiger erwachte, weil das Boot heftig auf und ab schaukelte. Erstaunt öffnete er die Augen. Es blies ein heftiger Wind und der Himmel war mit düsteren Wolken bedeckt. Die Wellen gingen beängstigend hoch. Doch Rüdiger hatte überhaupt keine Angst. Genau das, was ich wollte, dachte er zufrieden. Das kleine Boot wurde durch Wellentäler und über hohe Wellenkämme getragen. Auf und nieder, so ging das pausenlos dahin und der Wind wurde langsam zu einem Sturm. Einige Male wäre das kleine Boot fast gekentert, doch wie

durch ein Wunder richtete es sich wieder auf und schwamm weiter durch das wilde Wellengebirge. Dann begann es auch noch zu regnen. Aber Rüdiger lächelte nur glücklich. Ein Katzenschiff mit zerfetzten Segeln fuhr vorbei. Die ängstlichen Katzen schauten mit großen, ungläubigen Augen zu Rüdiger in dieser Nussschale von einem Boot herüber. Rüdiger winkte ihnen lässig zu. Nach ungefähr zwei Stunden war der Sturm vorüber. Der Himmel wurde klar und die Wellen glätteten sich. Schade, dass es schon vorbei ist, dachte der kleine Frosch.

Er brauchte beinahe den Rest des Tages, um zum Hafen zurückzurudern. Dort starrten ihn sprachlos die Katzen von dem zerzausten Katzenschiff an. Rüdiger trampte zufrieden nach Hause.

Der rauchende Uhu

Auf einer Wiese stand ein alter, hohler Baum, der aussah wie eine riesige Rübe. Seit einigen Wochen wohnte ein großer, weißer Uhu darin. Die Waldmäuse hatten seinen Einzug beobachtet. Zuerst hatte er die Baumhöhle von altem Laub gesäubert, dann hatte er sich umständlich darin zurechtgesetzt, als wollte er ausprobieren, ob die Höhle auch passte – ganz so, wie man einen Schuh anprobiert. In den folgenden Nächten flog er öfter weg – wohin, das wusste niemand – und kam jedes Mal mit einer Dose oder Schachtel in seinen Krallen zurück. Bald darauf standen zehn solcher geheimnisvollen Behälter unter dem Rübenbaum. Noch einmal flog der Uhu weg. Als er zurückkam, hatte er eine lange Pfeife bei sich. Er lehnte die Pfeife an den Baum, kroch in die Höhle und probierte, ob ihre Länge passte. Ja, ausgezeichnet!

Nun kamen die Mäuse aus ihren Verstecken, denn sie waren sehr, sehr neugierig geworden.

»Guten Abend«, sagte eine Maus zum Uhu. »Was machst du da?«

»Rauchen«, sagte der Uhu. »Seid so gut und stopft mir die Pfeife! Und zwar folgende Mischung: zwei Pfoten voll Tabak aus der Dose mit den roten Streifen, fünf Pfoten voll aus dem grauen Sack, eine Prise aus dem Porzellangefäß und eine Pfote voll aus der gelben Schachtel!«

Die Mäuse taten, was er verlangte, und zündeten dann die Pfeife an. Der Uhu begann zu paffen. Zuerst quollen weiße Rauchwolken aus seinem Schnabel und dann stieg plötzlich eine riesige Rauchwolke aus dem Pfeifenkopf empor. Die Rauchwolke dehnte sich wie ein Flaschengeist aus und verwandelte sich nach und nach in einen grin-

senden Katzenkopf. Einige der Mäuse quiekten erschrocken, doch der Uhu lachte nur.

»Diese Katze tut euch nichts«, sagte er. »Sie besteht nur aus Rauch. Passt auf, ich zeige euch noch andere Rauchbilder!«

Der Katzenkopf hatte sich inzwischen aufgelöst. Der Uhu paffte erneut drauflos und nun stieg ein ganzes Schloss aus Rauch in den Nachthimmel.

»Oh! Ah!«, riefen die Mäuse, denn das war noch schöner als ein Feuerwerk! Die ganze Nacht hindurch zeigte der weiße Uhu ihnen wunderbare Rauchgebilde. Die Mäuse konnten nicht genug davon bekommen. Aber als der Morgen graute, war der Uhu müde geworden. Er hustete sogar ein bisschen. »Schluss für heute, Freunde!«, sagte er. »Ich muss mich ausruhen. Kommt am Abend wieder, dann probieren wir neue Tabakmischungen aus!« Er schloss seine großen, gelben Augen und war sofort eingeschlafen.

Die Waldmäuse waren begeistert von dem rauchenden Uhu. Sie gingen ebenfalls schlafen und träumten von seinen unglaublichen Rauchbildern.

Zwergmäuse und Motten

Auf einer Insel, mitten in einem weiten Sumpfland, lebten einmal mehrere Mäusefamilien. Sie waren sehr klein gewachsen, richtige Zwergmäuse! Vielleicht kam das davon, dass sie nur Nüsse aßen. Auf der Insel wuchsen nämlich nur Nussbäume. Eines Tages hatte eine Maus eine ungewöhnliche Idee. »Wisst ihr was?«, sagte sie zu den anderen Mäusen. »Bauen wir uns einen hohen Turm! Von seiner Spitze aus könnten wir sehen, ob es hinter dem Sumpf noch etwas anderes gibt oder ob die ganze Welt nur aus Sumpf besteht!« Die anderen Mäuse waren einverstanden. Drei Monate bauten sie an dem Turm, dann war er fertig. Von seiner Spitze aus konnten sie den Sumpf überblicken. Sie sahen eine niedrige Gebirgskette und eine grüne Ebene und das war sehr schön. Ob dort noch andere Mäuse lebten?

Die Zwergmäuse stiegen jeden Tag auf ihren Turm und schauten sehnsuchtsvoll in die bläuliche Ferne. Dann kam eine Maus auf die Idee, eine große Laterne auf die Spitze des Turms zu stellen. Wer weiß, vielleicht konnte irgendjemand dort drüben das Licht der Laterne sehen und besuchte sie? Und wirklich, noch in derselben Nacht kamen zwei große Motten herübergeflogen. Das Licht zog sie magisch an. Unermüdlich umkreisten sie die ganze Nacht den Leuchtturm der Mäuse. Und in der darauf folgenden Nacht kamen noch mehr Motten und Nachtschmetterlinge.

So wurde die Insel mit dem Mäuseturm innerhalb kurzer Zeit zum beliebten Treffpunkt der Motten. Zu Hunderten kamen sie, umkreis-

ten das Licht, ruhten sich zwischendurch aus und flatterten wieder hinauf. Sie redeten auch mit den Mäusen, denen das alles sehr gefiel. Manchmal brachten die Motten auch fremdartige Köstlichkeiten aus dem Land jenseits des Sumpfes mit. Bonbons zum Beispiel oder Früchte, die die Mäuse nicht kannten. Es war jetzt ganz schön was los auf der Insel der Zwergmäuse!

Doch als der Sommer zu Ende ging, regnete es eine ganze Woche lang. Die Motten und Schmetterlinge blieben aus und das Wasser im Sumpf begann zu steigen. Es überschwemmte die gesamte Insel und die Mäuse mussten sich auf ihren Turm flüchten. Nach einer Woche hörte es auf zu regnen und eines Nachts kamen auch wieder die Motten auf die Insel. Die Mäuse hatten sie sehnsüchtig erwartet, denn ihre Nussvorräte gingen zur Neige. Als die Motten sahen, dass die ganze Insel unter Wasser stand, landeten sie auf dem Turm. Die große Mäuserettungsaktion begann. Die Mäusefamilien kletterten mit Sack und Pack auf die Rücken der Motten und diese flogen sie in eine freundliche Gegend aus. Zum Dank für ihre Rettung bauten die Mäuse später erneut einen hohen Mottenleuchtturm.

Der Pilzwald

Es war einmal eine Katze, die ging in den Wald, um Pilze zu suchen. Die Katze hieß Karla. Sie lebte erst seit kurzem in dieser Gegend und war noch nie im Wald gewesen. Sie wusste nicht, wie groß der Wald war und ob überhaupt Pilze darin wuchsen. Nachdem Karla bereits eine Stunde lang durch den Wald gewandert war und noch immer keinen Pilz gefunden hatte, wollte sie umkehren. Doch gerade in diesem Augenblick entdeckte sie einen ganz kleinen Pilz. Sie legte ihn in ihren Korb und ging weiter. Kurz darauf fand sie zwei etwas größere Pilze. Karla freute sich sehr. Als sie immer tiefer in den Wald hineinging, fand sie noch mehr Pilze, die seltsamerweise immer größer wurden. Das schien eine richtige Pilzgegend zu sein!

Karlas Korb war schon längst voll, aber sie war neugierig, ob sie noch größere Pilze finden würde. Und so ging sie weiter. Karla kam aus dem Staunen nicht mehr heraus. Zuerst reichten ihr die Pilze bis zum Bauch, dann bis zur Brust, dann waren sie schon größer als sie, und schließlich kam Karla in ein Gebiet, in dem überhaupt keine Bäume mehr standen, sondern lauter Pilze, die so hoch wie Bäume waren! Es war dunkel und vollkommen still in diesem Pilzwald.

Nun wurde der Katze Karla doch sehr unheimlich zumute und sie wollte endlich umkehren und nach Hause gehen. Aber wohin Karla auch ging, sie fand keinen Weg, der aus dem Pilzwald führte. Da bekam Karla große Angst. Plötzlich stand sie vor einem Pilz, der eine kleine Tür und drei Fenster hatte. Aus einem der Fenster schaute ein

grüner Käfer. »Du hast dich verirrt, stimmt's?«, sagte der Käfer. »Iss ein Stück von meinem Pilzhaus, dann findest du den Weg nach Hause!« Darauf verschwand der Käfer.

Karla brach ein kleines Stück aus dem Pilzhaus und aß es. Sie war so durcheinander, dass sie gar nicht viel nachdachte. Dann drehte sie sich um und lief davon. Kurze Zeit darauf kam sie in einen Wald mit Bäumen und eine Stunde später stand sie vor ihrer Hütte am Waldrand. Die Katze war so müde, dass sie sich gleich ins Bett legte und einschlief.

Am nächsten Tag wollte Karla wieder zum Pilzwald gehen. Doch sie fand ihn nicht mehr, sosehr sie auch suchte.

Seltsam. Sollte sie das alles nur geträumt haben?

Die übersinnlichen Katzen

Der Rundfunksender KF (Katzenfunk) hatte in den Bergen ein neues Sendestudio bauen lassen. Als der Sender in Betrieb gegangen war, stellte sich heraus, dass immer öfter unerklärliche Sendestörungen auftraten. Die Techniker untersuchten die Anlage gründlich, konnten aber nicht den kleinsten Fehler finden. Es war wie verhext. Es war tatsächlich so, als ob hier etwas Übersinnliches im Spiel war. Also wurden Dora und Dorian, die beiden übersinnlichen Katzen, mit der Aufklärung dieses Phänomens beauftragt. Dora und Dorian waren bekannte Hellseher, auch schrieb man ihnen andere Zauber- und Wunderkräfte zu.

Die dicken Katzen kamen mit ihren beiden Mäusegehilfen zum Studio. Sie hatten einen Korb und ein Segel mitgebracht. Dora hatte einen Kopfhörer angelegt, und Dorian trug in der einen Pfote eine Sonnenblume und in der anderen ein altes Kofferradio, das offenbar leer war, denn eine der Mäuse schaute aus der Öffnung für den Schalltrichter. Sie gingen zum Studiogebäude und die Rundfunkleute folgten ihnen. Es wurde kein Wort gesprochen ...

Plötzlich blieb Dora stehen und steckte den Stecker ihrer Kopfhörer in die Erde. Sie horchte und nickte dann. Dorian ging zum Studiogebäude, hielt die Blüte der Sonnenblume an die Mauer, horchte am Stängel und flüsterte mit der Maus im Kofferradio. Die Rundfunktechniker schüttelten verächtlich ihre Köpfe, als sie das sahen. Schließlich kam Dora zum Chef des Senders und sagte: »Einfacher Fall. In genau einer Stunde wird die Störung für immer behoben sein.«

KF

Die Studiotechniker lachten. »So ein Humbug!«, rief einer. Und ein anderer: »Alles plumper Schwindel. Das ist ja lachhaft!«

Dora und Dorian verzogen keine Miene. Sie nickten den Rundfunkleuten zu und stiegen mit Gerät und Mäusen in den mitgebrachten Korb. Dorian zog das Segel auf und zum grenzenlosen Erstaunen der Katzenfunktechniker erhob sich der Korb langsam in die Luft. Da war sicher kein Motor in dem Korb und man sah keine Propeller und keine Flügel, trotzdem flog das Ding immer schneller davon. Genau eine Stunde später fand ein Elektrikerlehrling ein loses Kabel an der Sendeantenne. Er schloss es an und damit war die Störung für immer behoben. Genau wie es Dora und Dorian, die übersinnlichen Katzen, vorausgesagt hatten!

Hamster Rudolf

Der November ist wieder da und alles draußen in der Natur scheint schlafen gehen zu wollen. Keine Pflanze will mehr blühen und die Bäume verabschieden sich von ihren Blättern. Die Wurzeln trinken nur mehr ganz, ganz wenig und sehr langsam, und die Landschaft ist gelb, braun, ocker und rot gefärbt. Das ist der Herbst.

Auch die meisten Tiere ziehen sich in ihre warmen, behaglichen Verstecke unter der Erde zurück. Die Essvorräte für den Winter sind längst schon eingebracht, man bereitet sich auf ein ereignisloses, stilles, verschlafenes Winterleben vor.

Ein absoluter Meister der Behaglichkeit ist der Hamster Rudolf. Seine Höhle hat er reichlich mit Futtervorräten gefüllt und vor wenigen Tagen hat Rudolf die Falltür zu seiner Behausung zugemacht. Da sitzt er in seinem heiß geliebten Lehnstuhl, streckt die kurzen Beine von sich, faltet die Hände über den satten Bauch, schließt seine Äuglein und seufzt zweimal tief und zufrieden auf. Geschafft! Das Jahr geht zu Ende. Jetzt kann er fast fünf Monate ausruhen, schlafen und träumen. Ja, und zwischendurch einen oder zwei Happen essen, natürlich. Und wenn es einmal langweilig werden sollte, so gibt es auch dafür ein Gegenmittel: ein Buch. Außerdem besitzt Rudolf drei große Pfeifen. Daraus schmaucht er sich eins, wenn draußen die Kälte herumschleicht. Und seine Gedanken ziehen dann genauso schön und langsam dahin wie die Rauchschwaden und Rauchkringel aus seiner Pfeife.

Letzten Winter hat Rudolf einen Gast gehabt: eine Spitzmaus. Auf dem Bild sieht man ihr Zimmer ganz links. Diesmal ist sie nicht mehr gekommen. Rudolf rauchte ihr wohl zu viel, und sie hatte dauernd husten müssen und entzündete Augen gehabt, die arme Maus. Schade. Rudolf hätte gern jemanden gehabt, mit dem man dann und wann ein Stündchen plaudern konnte. Vor ein paar Wochen hatte er extra deswegen ein Rohr installiert, durch das der Rauch abziehen konnte. Aber die Maus war nicht gekommen. Hatte sich wohl selber eine warme Mäusehöhle gegraben. Macht nichts. Auch allein ist es ganz schön. Himmel, wird das ein wunderbarer Winter werden!

Die Hexenkatze

Die Hexe Knallabaster hatte für einige Tage ihr Hexenschloss am See verlassen und war in den nahen Wald gegangen, um ihre Freundinnen, die Waldhexen, zu besuchen. Das Tor hatte sie gar nicht zugesperrt, denn es traute sich ohnehin niemand in die Nähe des Hexenschlosses, so unheimlich war es. Außerdem bewachte Nina, die weiße Katze der Hexe, das düstere Gebäude. Das glaubte zumindest die Hexe Knallabaster.

Doch kaum war die Hexe weg, begann Nina übermütig zu werden. Sie holte den Hexenbesen, mit dem die Hexe Knallabaster immer ausflog, aus dem Abstellraum und trug ihn in den Schlosshof. Oft schon hatte Nina ebenfalls mit dem Besen fliegen wollen, doch die alte Hexe hatte es ihr nie erlaubt. Die Katze setzte sich auf den Besen, aber zu ihrem Erstaunen passierte überhaupt nichts. Der Besen bewegte sich keinen Millimeter, er fühlte sich auch wie ein ganz gewöhnlicher Besen an. Da erinnerte sich Nina, dass die Hexe, bevor sie ausflog, immer einen roten Schal um ihren Hals schlang. Vielleicht steckten die Zauberkräfte in dem Schal? Nina holte ihn aus dem Schlafzimmerschrank und legte ihn um sich. Schon beim Hinuntergehen in den Hof merkte sie, wie ihr Körper leichter wurde! Als sie sich dann auf den Besen setzte, stieg der sogleich, rasant wie ein Flugzeug, in die Luft. Iiii! Nina krallte sich fest an den Besenstiel. Zum Glück war sie eine Katze und daher schwindelfrei!

Über dem See wurde der Besen langsamer und Nina konnte nun den Flug genießen. Der Vollmond leuchtete hell über dem Land und

aus dem Wald stieg ein Schwarm Fledermäuse auf. Nina gab gut Acht, dass sie den Schal nicht verlor, denn sonst wäre sie abgestürzt. Sie flog einmal um den See und kehrte dann zum Schloss zurück. Genug für heute! Zufrieden ging die Hexenkatze schlafen.

Nina hatte gar nicht gemerkt, dass sie jemand bei ihrem Flug beobachtet hatte. Geribald, der Kater, war über den See gerudert. Als die fliegende Katze wieder verschwunden war, fuhr er weiter. Ich muss das geträumt haben, dachte er. Ganz bestimmt war es nur ein Traum ...

Der sagenhafte Kugelfisch

Die Katzen Romana und Oswald hatten sich ein Unterseeboot gebaut, das wie ein dicker, gelber Fisch aussah. Und diese fischähnliche Form war kein Zufall! Romana und Oswald hatten sich nämlich vorgenommen, den sagenhaften honiggelben Kugelfisch zu suchen und zu fotografieren. Mehrere Taucher hatten ihn schon einmal gesichtet und von ihm berichtet, aber fotografiert hatte ihn bis jetzt noch niemand.

Der gelbe Kugelfisch war sehr, sehr scheu. Sobald er einen Taucher sah, drehte er sofort ab und schwamm schnell wie der Blitz davon. Oswald und Romana wollten sich in dem getarnten U-Boot diesem scheuen Fisch nähern. Sie hofften, dass er das U-Boot für einen Kugelfisch halten und dann so dicht heranschwimmen würde, dass sie ihn fotografieren konnten.

Die beiden Katzen machten also ihr U-Boot startklar und fuhren in die Gegend des Meeres, in der der Kugelfisch schon einige Male gesehen worden war. Sie tauchten tief hinunter und fuhren ganz langsam durch die milchig blaue Meerestiefe. Ein Unterwassergebirgszug erhob sich plötzlich vor ihnen und dann entdeckte Romana auf dem Meeresgrund etwas Gelbes. Sie dachte schon, dass das der Kugelfisch sei, doch beim Näherkommen sahen die beiden Katzen, dass es eine Wasserpflanze mit gelben Früchten war.

»Halte das Boot an, Romana«, sagte Oswald. »Ich werde aussteigen und diese Pflanze fotografieren. Wenn wir den Kugelfisch nicht finden, dann haben wir wenigstens Fotos von dieser merkwürdigen Pflanze.«

»Gute Idee!«, sagte Romana. »Und bring mir eine von den Früchten mit, sie sehen lecker aus!«

Oswald stieg in seinen Taucheranzug und schwamm zu der Pflanze. Und gerade als er sie fotografieren wollte, kam der sagenhafte Kugelfisch höchstpersönlich um einen Felsen geschwommen! Alle drei erschraken sehr. Der Kugelfisch zögerte kurz, als er das gelbe U-Boot sah. Doch dann erblickte er Oswald und schoss mit unheimlicher Geschwindigkeit davon.

Der Kater hatte leider vergessen, auf den Auslöser seiner Kamera zu drücken.

So kehrte er nur mit zwei Früchten in das U-Boot zurück. Sie schmeckten köstlich süß! Ganz sicher waren diese Früchte die Lieblingsspeise des Kugelfisches! Romana und Oswald beschlossen, ihn nicht mehr zu stören, und fuhren nach Hause.

Begegnung in der Wüste

Die Luft flimmert über der endlosen, heißen Wüste. Nichts als Sand und kahle Felsen, so weit das Auge reicht. Aber im Schatten eines hohen Felsens plätschert eine kleine Quelle. So klein die Quelle auch ist, sie hat schon vielen Wüstenreisenden das Leben gerettet. Und seltsame Reisende durchquerten manchmal die Wüste!

Fünf solcher Reisenden trafen sich eines Tages an dieser Quelle. Sie waren durch die Luft unterwegs. Zizi Plüschohr und ihr kürzlich angetrauter Gatte Pedi Spitzmaus auf einem Pelikan und Abraham, der Igel, auf einem Geier. Das war ein netter Zufall! Nachdem sie sich bekannt gemacht hatten, füllten sie an der Quelle ihre Wasserflaschen auf.

»Man sieht gleich, dass ihr frisch verheiratet seid«, sagte Abraham, der Igel. »Ein entzückendes Paar seid ihr. Meine herzlichen Glückwünsche! Was ist denn das Ziel eurer Reise?«

»Wir wollen hinüber nach Ägypten, zu den Pyramiden«, erwiderte Pedi Spitzmaus. »Die liegen doch im Westen, oder?«

»Im Westen?«, rief der Igel. »Um Himmels willen, da wärt ihr in die falsche Richtung geflogen! Im Westen ist nichts als Sand, dort gibt es auch keine Quellen mehr. Nach Osten müsst ihr!«

»Was für ein Glück, dass wir dich getroffen haben«, sagte Zizi Plüschohr.

»Kommt, setzt euch auf euren Vogel«, sagte Abraham, der Igel. »Ich fliege mit zu den Pyramiden, habe ohnehin nichts Besseres vor, und

ich möchte auf keinen Fall, dass euch auf so einer wichtigen Reise etwas passiert!« Die beiden großen Vögel erhoben sich mit ihren Reitern in die Luft und waren kurz darauf im flirrenden Wüstenhimmel entschwunden.

Die kleine Quelle plätschert weiter vor sich hin. Wer weiß, wie lange sie auf die nächsten Reisenden warten wird? Einen Tag, ein Jahr oder zehn Jahre?

Das Haus der Bisamratte

Gustav, die Bisamratte, wohnte mitten in einem Sumpfgebiet. Wer Gustav besuchen wollte, musste entweder ein Boot mieten oder ein guter Schwimmer sein. Gustavs Haus stand nämlich im Wasser! Aus diesem Grund bekam er nur selten Besuch. Aber das war ihm nur recht. Gustav Bisamratte liebte die Einsamkeit. Er war nämlich ein Schriftsteller und Dichter! Je berühmter er geworden war, desto mehr wusste er die Abgeschiedenheit seines Häuschens zu schätzen. Gustav genoss es, gleichzeitig berühmt und einsam zu sein. Er konnte sich nichts Schöneres vorstellen. Je einsamer er war, desto lebendigere Geschichten konnte er erfinden. Vergangenen Sommer zum Beispiel hatte Gustav einen dicken Seeräuberroman geschrieben. Ach, das war eine schöne, ruhige Zeit gewesen! Nur die Frösche hatten im Schilf gesungen, doch die störten Gustav nicht. Er liebte die Lieder der Frösche.

Drei Monate lang hatte Gustav an dem Roman gearbeitet, dann war er fertig gewesen. Jetzt ist es Zeit für einen kleinen Urlaub, hatte Gustav gedacht. Er hatte Fensterläden und Haustür fest verschlossen und war für zwei Wochen zu seinen Verwandten, den Murmeltieren, in die Berge gereist.

Als Gustav wieder zurückgekommen war, musste er einen großen Schreck erleben! In sein Haus war während seiner Abwesenheit eingebrochen worden! Die Tür war aufgesprengt und in den Räumen lag alles drunter und drüber. Nun gut, Schriftsteller sind meistens arme Leute; viel Geld wird man selten in ihren Wohnungen finden. Auch

Gustav lebte äußerst bescheiden. Doch die unverschämten Einbrecher hatten seinen handgeschriebenen Seeräuberroman gestohlen! Nun musste er das ganze Buch neu schreiben. Besonders hart war das, weil Gustav Linkshänder war und sehr, sehr langsam schrieb.

Die Eule, die in einem unteren Zimmer seines Hauses wohnte, war zur Zeit des Einbruchs gerade unterwegs gewesen. Sie konnte die Diebe leider nicht beschreiben.

Gustav begann also den Roman ganz von vorn. Das war im September gewesen. Nun war es November geworden und Gustav Bisamratte war wieder am Ende des Buches. Der Herbstwind wehte die Blätter von den Bäumen. Sie umtanzten das einsame Haus wie ein Schwarm lustiger Vögel. Noch schien die Sonne mild, aber bald würde es kälter werden und Gustav musste die Winterfenster vom Dachboden holen.

Gerade, als Gustav einen schwungvollen Schlusssatz schrieb, hörte er unten vor dem Haus seinen Namen rufen. Es war Wenzel, der Bär, mit zwei jungen Kaninchen.

»Gustav!«, rief Wenzel. »Wir haben deinen Seeräuberroman gefunden! Der Fuchs hatte ihn in seiner Höhle! Ich habe die Räuberbande verjagt und da lag dann dein Buch mit Name und Adresse. Wir haben deinen Roman auch gelesen! Er war so spannend, dass wir nicht mehr aufhören konnten, sonst wären wir schon früher gekommen.«

Gustav wusste nicht, ob er sich ärgern oder freuen sollte, als er das hörte.

Der Schwebesessel

Als der Bär Arnulf eines Tages seine Wohnung sauber machen wollte, ging ihm der Staubsauger kaputt. Da Arnulf zum Kehren zu faul war, fiel ihm ein, dass in der Rumpelkammer noch ein alter Staubsauger herumliegen musste.

Arnulf holte ihn hervor und probierte, ob er noch funktionierte. Der Bär hatte kaum den Stecker in die Dose gesteckt, da heulte der alte Staubsauger auf und sauste durch die Wohnung wie ein tollgewordenes Wildschwein. Über Boden, Wände und Decken zischte er, und Arnulf musste auf dem Bauch zur Steckdose kriechen, um den Stecker herauszuziehen. Der Staubsauger verstummte und fiel auf den Lehnsessel. Na, das war eine Entdeckung! Ein Staubsauger mit Riesenkräften! Ein echter Raketenstaubsauger! Als der Bär den unheimlichen Staubsauger so auf dem Lehnsessel liegen sah, kam ihm plötzlich eine famose Idee zu einer phantastischen Flugmaschine!

In den nächsten Wochen suchte Arnulf alle Gebrauchtwagenläden, Elektrogeschäfte und Flohmärkte nach weiteren alten Staubsaugern dieser Marke ab. Es gelang ihm tatsächlich, noch fünf solche Raketenstaubsauger aufzutreiben. Dann kaufte Arnulf eine superstarke Batterie und baute alles in seinen Lehnsessel ein. Zwei Steuerungshebel wurden noch angebracht und der Schwebesessel war fertig. Arnulf machte vorsichtig einen Probeflug durch seine Wohnung. Alles funktionierte erstklassig. Die Kräfte der sechs wilden Staubsauger waren gebändigt, die ganze Maschinerie summte leise wie eine Klimaanlage.

Arnulf packte sogleich seinen Koffer, öffnete ein Fenster, stieg in

den Schwebesessel und flog in den Urlaub. Er kam drei Jahre nicht zurück.

Auf dem Bild sieht man, wie er sich gerade in einem Inseldorf einbremst.

Leute, testet eure alten Staubsauger und werft eure schäbigen Lehnsessel nicht leichtfertig zum Sperrmüll! Ihr könntet sie vielleicht noch brauchen ...

Der Traum des Löwen

Der Löwe Daniel hatte eines Nachts einen sehr eigenartigen Traum, der ihn stark beunruhigte. Gleich am Morgen ging er in den Wald, zum uralten, hohlen Baum, in dem der weise Uhu wohnte. Der Uhu war unter anderem auch ein Traumdeuter, und der Löwe wollte sich seinen Traum von ihm erklären lassen.

Der Uhu war etwas mürrisch, als er bei Tageslicht geweckt wurde. »Komm am Abend wieder, lass mich jetzt schlafen!«, sagte er zu Daniel.

Doch der Löwe ließ nicht locker. »Es ist aber sehr dringend!«, sagte er. »Am Abend habe ich den Traum vielleicht schon vergessen.«

»Na gut«, sagte der Uhu. »Dann erzähl. Aber mach's kurz.«

»Mir träumte, ich saß allein in einem Boot, das auf einem Flus trieb«, begann der Löwe Daniel. »Es war Nacht und ganz still. Plötzlich kamen fünf Eulen herbeigeflogen. Sie umkreisten zuerst das Boot, setzten sich dann neben mich und sahen mich bewundernd an. Das gefiel mir recht gut. Aber dann kamen immer mehr Eulen angeflogen. Aus allen Richtungen kamen sie und landeten in meinem kleinen Boot, das unterzugehen drohte. Doch kurz bevor es sinken wollte, begann es plötzlich zu schweben. Es stieg in die Luft und flog, immer schneller werdend, davon. Während wir so flogen, kamen immer neue Eulen hinzu. Sie setzten sich nun auf mich, da im Boot kein Platz mehr war. Dann wachte ich auf. Sag mir, weiser Uhu, was bedeutet dieser Traum?«

»Hm, ganz leicht zu deuten«, sagte der Uhu. »Du wirst bald, vielleicht schon heute, eine große Reise machen! Zuerst mit einem

Schiff – und dann mit einem Flugzeug. Viele kluge Leute werden zu dir kommen und dich bewundern. Du hast wirklich Glück, Daniel, denn du wirst bald sehr berühmt werden!

Mehr kann ich dir dazu nicht sagen.«

»Ich danke dir«, sagte der Löwe Daniel. »Und entschuldige, dass ich dich geweckt habe.«

Daniel ging nachdenklich zu seiner Höhle. Berühmt?, dachte er. Eigentlich habe ich nicht die geringste Lust, berühmt zu werden! Ich möchte lieber meine Ruhe haben. Eine Schiffsreise und dann eine Flugreise? Viele kluge Leute, die mich bewundern? Um Himmels willen, hoffentlich bedeutet das nicht, dass Menschen kommen und mich einfangen und in eine ihrer Städte bringen! Dann werde ich in einen Käfig im Zoo gesperrt und von Tausenden von Menschen begafft! Auf diese Art Berühmtheit kann ich gern verzichten!

Der Löwe Daniel beeilte sich, nach Hause zu kommen, wo er sich eine ganze Woche lang in den hintersten Winkel seiner tiefen Höhle verkroch, wo ihn bestimmt niemand finden konnte!

Die Goldgräber

Irgendwo in Mexiko liegt die Sierra Violeta, eine unwirtliche, trockene Gebirgsgegend, in die sich selten jemand verirrt. Viele stachelige Pflanzen wachsen dort und es gibt jede Menge Schlangen, Echsen, Skorpione und andere unheimliche Tiere. Aber in dieser gefährlichen Gegend kann man auch Gold finden und deswegen wagen sich immer wieder mutige Goldsucher in die Sierra Violeta.

Auch Sam, Grimbert und der Fuchs Pedro hatten drei Wochen lang die Sierra durchstreift und an vielen Stellen nach Gold gegraben. Doch sie hatten bis jetzt kein einziges Goldkörnchen gefunden. Ziemlich verwildert und hundemüde von den Strapazen saßen sie eines Abends am Lagerfeuer und machten sich große Sorgen, da ihre Lebensmittelvorräte zur Neige gingen.

»Morgen müssen wir umkehren und die Goldsucherei aufgeben«, sagte der Fuchs Pedro. »Wir haben nur noch für zwei Tage zu essen.«

»Ja, ich fürchte, du hast Recht«, sagte Grimbert. »Wir hatten einfach kein Glück. Vielleicht gibt es hier gar kein Gold mehr, wer weiß?«

»Doch!«, sagte Sam (das ist der mit der roten Nase). »Es muss hier irgendwo Gold sein. Ich kann es riechen. Ganz in der Nähe liegt viel, viel Gold!«

Die anderen wollten ihn schon auslachen, da hörten sie plötzlich eine Stimme: »Du hast Recht, kleiner Mann! Ich sitze hier auf drei Säcken mit reinem Goldstaub!«

Die drei Goldgräber fuhren erschrocken herum. Hinter ihnen guckte eine Eule aus einem großen, hohlen Baumstumpf. Sam, Grim-

bert und Pedro kletterten sofort in den morschen Baum. Tatsächlich! In der Höhlung lagen drei Säcke mit Gold. Die Goldgräber brachen in Jubelgeschrei aus.

»Ihr könnt das Gold haben, ich brauche es nicht«, sagte die Eule. »Vor einigen Wochen beobachtete ich, wie zwei Banditen einen anderen Goldsucher, der mehr Glück als ihr gehabt hatte, beraubten. Sie jagten den armen Kerl davon und versteckten anschließend die Säcke in diesem Baum. Ich hoffe, das Gold bringt euch mehr Glück!« Danach flog die Eule in die Nacht davon. Die drei Goldgräber brachen sofort auf und gelangten unbeschadet in die Zivilisation zurück. Zwei Jahre sind seither vergangen. Sam, Grimbert und Pedro leben jetzt in drei weiß getünchten, wunderschönen Villen irgendwo am Meer. Die Eingänge der Villen zieren Eulenstatuen aus Marmor als Andenken an die freundliche Eule in der Sierra Violeta.

Der lästige Vogel

Die Mitglieder der Katzenfamilie Pfotinger waren ursprünglich alle Weinbauern. Aber in einem strengen Winter erfroren ihnen alle Weinstöcke. Da verkauften sie ihren ganzen Grundbesitz samt Bauernhof und wanderten nach Südamerika aus. In einer warmen Gegend, an einem kleinen See, bauten sie ein neues Haus und legten eine Himbeerplantage an. Die Pfotingers hatten vor, Himbeersaft zu erzeugen, in Flaschen abzufüllen und sie dann zu verkaufen.

Die Himbeerstauden wuchsen erstaunlich schnell. Das lag wohl an dem heißen und feuchten Klima dieser Gegend. Bereits im ersten Jahr wurden die Stauden an die zehn Meter hoch und trugen wahre Riesenbeeren. Die Pfotingers freuten sich sehr und trafen Vorbereitungen zur Himbeerernte.

Doch dann geschah etwas Unvorhergesehenes! Eines Morgens landete ein großer, gelb-roter Vogel mitten in der Himbeerpflanzung und begann, die Beeren abzufressen. Bis die Katzen merkten, was da vor sich ging, hatte er bereits die Hälfte aller Himbeeren verputzt.

Am nächsten Tag kam der große Vogel wieder und aß fast alle noch übrig gebliebenen Himbeeren. Dieses Mal entdeckte er das Bauernhaus, kam neugierig herbei und hüpfte auf das Dach. Der Dachstuhl ächzte bedrohlich unter seinem Gewicht. Mama Pfotinger wurde wütend. Sie nahm den Besen und begann, den Vogel zu schimpfen. Doch das störte ihn nicht. Er blinzelte nur lustig mit seinen gelben Augen und schaute erstaunt herunter.

Da knarrte das Dach, als ob es jeden Moment einstürzen würde. »Wirst du verschwinden, du gelber Pfau!«, rief Mama Pfotinger und packte eine der langen Schwanzfedern des Vogels. Das half. Der Vogel stieß einen schrillen Schrei aus und flatterte davon. Die lange Schwanzfeder aber blieb in Mama Pfotingers Pfote zurück!

Der lästige Vogel kam nie mehr wieder, aber gute drei Viertel der Himbeerernte hatte er vernichtet. Die Pfotingers waren nun arm wie Kirchenmäuse und überlegten, ob sie nicht wieder in ihre alte Heimat zurückkehren sollten.

Drei Wochen später kam ein Vogelkundler durch diese Gegend. Er war auf der Suche nach einem ganz seltenen Vogel. Als ihm die Pfotingers von ihren Erlebnissen mit dem gelben Vogel erzählten, geriet der Forscher ganz aus dem Häuschen. Die Katzen zeigten ihm die prächtige Feder und der Forscher kaufte sie ihnen sofort zu einem sagenhaft hohen Preis ab.

Die Familie Pfotinger konnte nun in Südamerika bleiben. Den großen Himbeervogel aber haben sie nie wieder gesehen.

Der Vulkanausbruch

Vier Mäuse aus Afrika wollten in einem kleinen Segelboot über den Ozean fahren. Hinüber nach Südamerika wollten sie, die Amazonasmäuse besuchen. Aber sie hatten wohl die Entfernung unterschätzt, zudem war ihr kleines Boot für eine Hochseefahrt nicht geeignet.

Nachdem sie zwei Tage lang gesegelt waren, gerieten sie in einen Sturm. Der Mast des Bootes brach und beinahe wären sie gekentert. Doch sie kamen ohne weitere Schäden aus dem Sturm heraus. Das Boot trieb einen Tag lang auf dem Ozean und strandete gegen Abend an einer Insel. Die vier Mäuse waren heilfroh, wieder festen Boden unter den Füßen zu haben. Sie suchten sich im Urwald ein trockenes Nachtlager und waren bald darauf eingeschlafen. Dabei ahnten sie nicht, dass sie hier in noch größerer Gefahr schwebten! Sie befanden sich nämlich auf einer Vulkaninsel und der Vulkan war dicht vor dem Ausbrechen!

Am nächsten Morgen weckte ein unheimliches Grollen die vier Mäuse. Der Boden bebte und der Himmel wurde schwarz vom Rauch des Vulkans. Die Mäuse rannten zum Strand hinunter und nun sahen sie den Vulkanberg. Sie mussten so schnell wie möglich fort von hier! Doch ihr Segelboot hatte ja den Mast verloren! Sie hatten zwar ein Reservesegel im Boot, aber ohne Mast nützte ihnen das gar nichts. In diesem Moment kam eine Giraffe aus dem Urwald gelaufen. Die Giraffe hatte große Angst. »Nehmt mich mit!«, bat sie. Und da hatten die Mäuse eine großartige Idee! Der lange Hals der Giraffe war doch

ein ausgezeichneter Ersatz für einen Schiffsmast! Sie ließen die Giraffe ins Boot steigen und befestigten das Reservesegel an ihrem Hals. Der Wind bauschte sogleich das Segel und das Mäuseboot fuhr aufs Meer hinaus. Hinter ihnen brach der Vulkan aus. Sie waren entkommen.

Die Mäuse und die Giraffe segelten schnurstracks nach Afrika zurück. So bald würden sie sich bestimmt nicht mehr aufs Meer wagen – zumindest nicht in so einem kleinen Segelboot!

Das Hängebrückengebirge

Der kleine, abenteuerlustige Elefant namens Winzig wanderte ganz allein durch die Welt. Immer war er auf der Suche nach interessanten Erlebnissen und aufregenden Abenteuern. Vor zwei Monaten hatte er das Land der Vulkane und der wilden Nashörner durchquert, dann war er in eine große Stadt gekommen, wo er eine Zeit lang beim Zirkus gearbeitet hatte. Da Winzig absolut schwindelfrei war, hatte er bei einer Pferdenummer mitgemacht. Er war, auf dem Rücken eines Pferdes stehend, durch die Manege geritten. Diese Darbietung war beim Publikum zwar sehr gut angekommen und alle hatten den kleinen Elefanten geliebt, aber Winzig war das Ganze doch bald zu langweilig geworden. Sein Betreuer, der dicke Kater Botero, wollte den Zirkus ebenfalls verlassen, um nach langer Zeit wieder einmal seine Verwandten im Süden zu besuchen. Um zu ihnen zu gelangen, war allerdings ein hohes, stark zerklüftetes Gebirge zu überwinden. Ein Gebirge, das von Berg zu Berg mit schwankenden Hängebrücken verbunden war und das deswegen auch »Hängebrückengebirge« hieß. Da Kater Botero selbst Angst vor großen Höhen hatte und wusste, dass Winzig total schwindelfrei war, bat er ihn, ihn übers Gebirge zu bringen. Winzig war einverstanden. Botero schnallte ihm einen kistenähnlichen Sattel um und die Reise konnte beginnen.

Auf dem Bild sieht man, wie die beiden bereits mitten in den Hängebrückenbergen sind. Kater Botero hat fast keine Angst mehr, denn er fühlt sich auf dem Rücken von Winzig sicher. Die zwei Grillen,

die in dem blauen Flugzeug das Gebirge durchfliegen, sind ganz schön erstaunt. Einen Elefanten auf einer Hängebrücke haben sie noch nie gesehen! Auch der kleine Bär auf der Felsspitze ist ganz starr vor Verwunderung.

Über zwei solcher Brücken muss Winzig noch gehen, dann wird die Reise weniger gefährlich ...

Der reiche Mieter

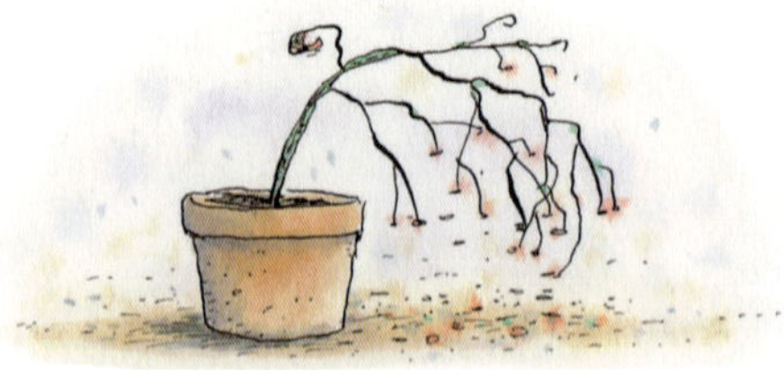

Frantisek Fuchs und Pablo, der Waschbär, waren zwei Meisterdiebe! Sie zogen meist des Nachts durch das Land und brachen in Villen und Schlösser reicher Leute ein. Die geraubten Wertsachen trugen sie dann immer in den Katzenheimer Wald und vergruben sie unter einer alten Eiche. Sie waren wirklich gefürchtete Einbrecher und waren noch kein einziges Mal erwischt worden.

Eines Abends saßen Frantisek und Pablo im Wald vor einem Lagerfeuer und berieten sich, wo sie als Nächstes einsteigen sollten. Da kam Paulchen Marder daherspaziert. Paulchen war ein kleiner Taschendieb und mit den beiden befreundet.

»Ich habe einen todsicheren Tipp für euch!«, sagte Paulchen und setzte sich ans Feuer. »Ihr kennt doch die muffige, morsche Villa am Schwarzensee, ganz in der Nähe! Vorige Woche hat sie ein vermummter, reicher Ausländer gemietet. Er war ganz merkwürdig angezogen, man hat sein Gesicht nicht gesehen und er hatte eine ganz dicke Brieftasche. Ich habe alles durch das Fenster des Maklers beobachtet. Jetzt wohnt er in der Villa. In der Nacht sieht man manchmal Licht in einem Fenster, aber er selbst lässt sich nicht blicken. Na, wär das was für euch?« Frantisek und Pablo sahen sich kurz an, dann standen sie auf. Pablo hängte sich die Tasche mit dem Einbruchswerkzeug um und Frantisek grub die lange Leiter aus dem Staub.

»Ich kriege ein Drittel der Beute für den Tipp!«, rief ihnen der Marder nach. Frantisek und Pablo schlichen ganz leise zur alten Villa am

Schwarzensee. Sie sahen, dass nirgends Licht in dem Gebäude brannte. Der reiche Mieter schlief also schon.

Ja, er schlief! Nun hörten sie deutlich schnarchende Geräusche, die aus einem offenen Fenster drangen. Frantisek lehnte vorsichtig die Leiter an die Hausmauer und Pablo stieg lautlos zum Fenster hinauf.

Das wird ein Kinderspiel, dachte der Waschbär. In seinem Eifer fiel ihm gar nicht auf, dass das Schnarchen verstummt war. Plötzlich schob sich ein entsetzlich langer, grüner Kopf durch die Fensteröffnung und zwei große Augen schauten Pablo freundlich an. Der Waschbär schrie vor Schreck laut auf und fiel von der Leiter, auf Frantisek Fuchs drauf. Die geschockten Einbrecher rappelten sich auf die Beine und rannten, so schnell sie konnten, davon. Aus dem Fenster rief ihnen eine Stimme nach: »Kommt zurück, bleibt doch noch! Ich habe mich sooo über euren Besuch gefreut!«

Aber Frantisek und Pablo liefen nur noch schneller, als sie die heisere Stimme des Krokodils hörten ...

Die Vogelfänger

Der Fuchs Basil und der Bär Giselmar waren so richtige Tagediebe. Sie »verdienten« sich ihr Geld mit Betrügereien und Taschendiebstählen. Kam man ihnen auf die Schliche, wechselten sie schnell die Gegend. Dann zogen sie über Land, übernachteten in Wäldern und Heuschobern und lebten von den Hühnern und Gänsen, die sie nachts aus den Bauernhöfen stahlen. Fanden sie aber niemanden, den sie betrügen und bestehlen konnten, wurden sie vorübergehend Vogelfänger. Sie stellten in den Wäldern Fallen auf und trugen die gefangenen Vögel auf den Markt.

Auf so einem Vogelmarkt trafen Basil und Giselmar einmal einen steinreichen, alten Wolf. Der Wolf besichtigte ihre Vögel und verzog geringschätzig sein Maul.

»Lauter gewöhnliche Singvögel«, sagte er. »Ja, wenn ihr einen grünen Blätterbauchvogel hättet – das wäre was! Hunderttausend Mark, bar auf die Pfote, würde ich dafür bezahlen!«

»Wie soll denn dieser Vogel aussehen?«, fragte der Fuchs.

»So, wie er heißt«, sagte der Wolf. »Er ist grün und sein Gefieder sieht wie Blattwerk aus. Mehr weiß man nicht. Es ist bis jetzt noch niemandem gelungen, so einen Vogel zu fangen. Vermutlich weil er so ein gutes Tarnkleid besitzt.«

Noch am selben Tag begannen der Fuchs und der Bär die Suche nach diesem seltsamen Vogel. Hunderttausend Mark! Das ist schnell verdient! So dachten sie. Doch monatelang zogen die beiden Vogelfänger von Wald zu Wald, durchstreiften Nadelwälder, wateten durch sump-

fige Auen und kletterten im Gebirge herum. Sie sahen alle möglichen Vögel, aber keinen einzigen grünen Blätterbauchvogel.

Einmal hatten sie den halben Tag vergeblich eine waldige Schlucht in den Bergen durchstreift und waren davon sehr müde geworden.

»Ich sage dir, der alte Wolf hat uns ein Märchen erzählt«, sagte der Fuchs. »Es gibt gar keine Blätterbauchvögel. Schön dumm von uns, dass wir auf so einen Unsinn hereingefallen sind!«

»Wahrscheinlich hast du Recht«, erwiderte der Bär. »Komm, ziehen wir weiter in die nächste Stadt. Taschendiebstahl ist weniger anstrengend.«

Sie verließen die Schlucht. Dabei waren sie dem grünen Blätterbauchvogel so nahe gewesen.

Der Hut des Riesen

Die zwei Mäuse Reinhold und Tamara gingen gern wandern und bergsteigen. Sie suchten sich dafür immer die entlegensten Gegenden aus. Am liebsten waren ihnen Gebiete, die noch nie jemand betreten hatte.

Einmal hörten sie von einem Gebirge, in dem ein wilder Riese leben sollte. Niemand traute sich in dieses Gebirge. Reinhold und Tamara machten sich sogleich auf den Weg. Sie übernachteten in einem kleinen Dorf am Fuß des Gebirges. Als die Dorfbewohner von ihrem Vorhaben erfuhren, waren sie entsetzt. »Habt ihr denn nicht gehört, dass in den Bergen ein Riese haust?«, sagten sie.

»Doch«, erwiderte Reinhold, »aber wir haben keine Angst vor ihm. Wir sind doch nur zwei kleine Mäuse. Uns tut niemand was.«

»Das denkt ihr!«, sagten die Leute. »Der Riese frisst Mäuse besonders gern. Fahrt lieber gleich wieder nach Hause!« Doch die beiden Mäuse ließen sich keine Angst machen. Am nächsten Morgen wanderten sie los. Sie stiegen durch einen großen Nadelwald zu den Felsen hinauf. Die Gegend war vollkommen unberührt, nirgendwo waren die Spuren eines Riesen zu sehen. Den Mäusen gefiel es hier sehr. Gegen Abend kamen sie in ein stilles Felsental. Da begann es zu regnen. Reinhold und Tamara suchten eine Höhle oder einen Felsvorsprung, wo sie sich unterstellen konnten.

Plötzlich sahen sie auf einer Lichtung einen riesigen Hut liegen. Der kam ihnen wie gerufen. Sie stützten ihn mit Ästen ab, setzten sich darunter und zündeten ein Lagerfeuer an. Der Hut war noch bes-

ser als ein Zelt! Die zwei Mäuse blieben trocken. Sie wärmten sich ihr Essen am Feuer und schliefen dann unter dem Hut ein. Dass der Hut dem Riesen gehören konnte, daran dachten sie gar nicht …

Wie die Geschichte ausgegangen ist? Ob der Riese am nächsten Tag seinen Hut gesucht hat und die beiden Mäuse darunter gefunden hat? Ob er die Mäuse gefressen hat?

Aber nein! Der Riese wohnte schon lange nicht mehr im Gebirge. Als er vor vielen Jahren seinen Hut verloren hatte, war ihm immer kalt am Kopf gewesen und er war in wärmere Gegenden ausgewandert.

Der karierte Uhu

Eines Nachts klopfte ein merkwürdiger Besucher bei der Wassermaus. Es war ein karierter Uhu mit einem roten Koffer.

»Entschuldigen Sie bitte«, sagte er zu der Maus. »Gehört das Boot unten am Fluss Ihnen?«

»Ja«, sagte die Maus und musterte den Uhu mit großen Augen von oben bis unten.

»Würden Sie mich bitte einige Kilometer flussabwärts rudern?«, sagte der Uhu. »Zu den roten Felsen, dort bin ich zu Hause. Ich gebe Ihnen dafür einige Seidenschals.«

»Sehr gern«, sagte die Wassermaus.

Der Uhu öffnete seinen Koffer und gab der Maus drei wunderschöne Schals. Dann stiegen sie in das Boot und fuhren los.

»Ich will nicht neugierig sein«, sagte die Wassermaus. »Aber wie kommen Sie zu dem karierten Kostüm? Ist Ihnen darin nicht zu warm?«

»Das ist kein Kostüm«, sagte der Uhu. »Ich bin eingefärbt worden. Man hat mich gegen meinen Willen grün und gelb kariert! Eine böse Geschichte, aber ich will sie Ihnen gern erzählen: Vor zwei Wochen bin ich unvorsichtigerweise in die Stadt geflogen. Ich wollte mir einmal die Wohnungen der Menschen ansehen. Als ich dabei durch ein Fenster flog, hat mich ein Mensch gefangen und in einen Käfig gesperrt. Ich sage Ihnen, der Kerl muss verrückt gewesen sein! Er besaß ein Stoffgeschäft in der Innenstadt. Dort hat er den Käfig aufgehängt und ich musste mich von seinen Kunden begaffen und belästigen

lassen. Das war schon entwürdigend genug. Aber einige Tage später ist er auf eine noch üblere Idee gekommen. Der Mann hat mich zu einem Frisör gebracht, der hat mir die Flügel gestutzt, damit ich nicht mehr wegfliegen konnte, dann hat er mich gelb gefärbt und mir das Karomuster verpasst. Am nächsten Tag war ich die große Attraktion im Stoffgeschäft. Ich will gar nicht weiterreden ... Zwei Wochen lang haben Hunderte von Menschen über mich gelacht. Alle wollten mich berühren und prüfen, ob ich in einem karierten Anzug stecke. Ich sage Ihnen, das war gar nicht lustig. Gestern Nacht gelang mir endlich die Flucht. Durch ein offenes Oberlicht bin ich entwischt. Den Koffer mit den Schals habe ich als Entschädigung mitgenommen.«

»Was werden Sie jetzt machen?«, fragte die Maus.

»Ich ziehe mich in die Berge zurück und warte, bis der Regen die Farben aus meinem Gefieder gewaschen hat. Nie wieder fliege ich in die Stadt!«

»Nehmen Sie es nicht so schwer, Herr Uhu«, sagte die Wassermaus. »Bei allem Respekt, aber ich finde, das Karomuster steht Ihnen gar nicht so schlecht ...«

Der Katzenkönig

Der Katzenkönig Mauzenberger I. war der König vom Katzenland. Er wohnte in einer kleinen Burg, die eigentlich nur aus einem Turm bestand. Diese Turmburg stand auf einem hohen Felsen. Mauzenberger I. war ein sehr eitler Kater. Katzen sind an sich schon eitel genug. Aber wenn sie auch noch König sind, kennt ihre Eitelkeit keine Grenzen. Jeden Morgen ließ er sich von seinem Friseur das Fell mit schwarzen Streifen bemalen – es sollte wie ein königlicher Hermelinmantel aussehen.

Mauzenberger verließ nur selten seinen Thron. Wenn jemand von seinen Katzen-Untertanen etwas von ihm wollte, musste er auf die Burg kommen. Nun, dies ist ja bei Königen im Allgemeinen so üblich. Aber Mauzenberger wohnte auf so einem hohen und steilen Felsen, dass er wenig Besuch bekam. Eine Straße, die hinaufführte, gab es nämlich nicht.

Eines Tages wurde im Katzenland das Flugzeug erfunden. Gleich mehrere Arten von Flugzeugen: Segelflieger, einmotorige Flugzeuge und auch Hubschrauber. Fesselballone hatte es schon früher gegeben, aber Flugzeuge waren etwas ganz Neues.

Mauzenberger I. hörte von diesen Erfindungen durch die Brieftaubenpost. Er überlegte: Wenn ich so ein fliegendes Fliegflugzeug hätte, könnte ich mich ganz bequem durch mein Reich fliegen lassen. Ich könnte die Bewohner des Katzenlandes von oben beobachten und sehen, was sie so tun und treiben. Von oben sieht man immer alles am besten. Nichts bliebe mir mehr verborgen, und ein König sollte doch

immer alles wissen, was in seinem Reich vorgeht, nicht wahr? Außerdem könnten mich alle Katzen bewundern, wenn ich in so einem Flugzeug angeflogen käme. Sie würden mich gewiss ehren und lieben – das müssen sie sogar tun, denn ich bin ja ihr König, nicht wahr?

So dachte der eitle Mauzenberger und ließ sofort eine Nachricht an alle Flugzeugbesitzer im Katzenland aussenden. Sie sollten sogleich zu seiner Burg fliegen.

Zwei Wochen vergingen, doch kein einziges Flugzeug traf auf der Katzenburg ein. Ja, die Katzen kannten ihren aufgeblasenen König sehr gut. Keiner der Piloten wollte in seine Dienste treten. Da ließ Mauzenberger I. den Hausinstallateur, Kater Oskar, zu sich rufen. Mauzenberger befahl ihm, sofort ein Flugzeug zu erfinden. Oskar war ein sehr geschickter Kater. Nach einigen Wochen Arbeit hatte er tatsächlich eine hubschrauberartige Maschine zusammengebastelt. Es war ein äußerst primitives Fluggerät. Der Hubschrauber musste nämlich von Hand betrieben werden. König Mauzenberger I. ließ seinen Thronsessel auf den Hubschrauber stellen und setzte sich dann hinein. Oskar startete zum ersten Flug. Es ging alles gut. Doch Oskar musste an der Kurbel furchtbar schuften. Weit konnte er nicht fliegen. Eben eine Runde um die Burg, dann verließen ihn die Kräfte.

»Hätte ich doch nur dieses Ding nicht gebaut!«, stöhnte Oskar und überlegte, ob er den König nicht einfach in den Teich schmeißen sollte …

Die grünen Meerestiefen

Die kleine Katze und der kleine Braunbär lebten im Süden, direkt am Meer. Sie besaßen ein gemütliches Holzhaus, einen eigenen Bootssteg, zwei Segelboote und einen großen Bootsschuppen. In diesem Bootsschuppen hatten sie noch ein drittes Boot. Ein ganz besonderes! Ein Prachtstück von einem Unterseeboot! Es war gelb gestrichen und besaß einen starken Motor. Man konnte damit eine ganze Woche lang unter Wasser bleiben. Vorne war eine große Sichtscheibe eingelassen. Dahinter konnten der Bär und die Katze sitzen und hatten einen guten Ausblick auf die Unterwasserwelt.

Regelmäßig bekamen die beiden Sehnsucht nach den grünen Meerestiefen. Mindestens einmal pro Woche tankten sie das gelbe U-Boot auf und tauchten in die grüne Wunderwelt hinunter. Bei jeder Fahrt entdeckten sie Fische, die sie bis dahin noch nie gesehen hatten.

Der kleine Bär und die Katze hielten oft den Atem an, so überraschend schön und bunt waren die Fische. Gut, manche der Meeresbewohner sahen auch bedrohlich aus und einige hatten einen ausgesprochen abstoßenden Gesichtsausdruck. Ganz zu schweigen von den Fischen mit den großen Mäulern, in denen lange Reihen nadelspitzer Zähne blitzten! Aber in dem gelben Unterseeboot waren die Katze und der Bär sicher. Einmal sahen sie sogar einen riesigen, wunderschönen Meeresdrachen! Er schlängelte sich um ein versunkenes Schloss. Die beiden U-Boot-Fahrer hätten ihn gern noch etwas länger bestaunt, aber da entdeckte sie der Drache! Er öffnete sein Maul, und die Katze

und der Bär sahen, dass auch er viele spitze Zähne hatte. So gaben sie Gas und das U-Boot schoss schnell davon. Es war zum Glück schneller als der schnellste Fisch! Ja, so ein U-Boot ist eine feine Sache.

»Nächstes Jahr«, sagte der kleine Bär zu der Katze, »nächstes Jahr geben wir das U-Boot zum Mechaniker und lassen uns vorne noch einen Propeller einbauen. Dann kann es auch fliegen!«

»Ja, das wird dann noch toller!«, sagte die kleine Katze. »Ich freue mich schon riesig darauf!«

Wendelin, der Hund

Der Hund Wendelin war Taxifahrer in einer großen Stadt, irgendwo im Süden. Eines Tages nahm er am Taxistand in der Innenstadt einen Anruf entgegen.

Der Anrufer sprach mit undeutlicher Stimme, aber Wendelin glaubte, die Adresse gut verstanden zu haben. Von »Kaktuswald Nr. 1« wollte der Herr abgeholt werden. Da Wendelin nicht wusste, wo der Kaktuswald lag, fragte er einen Kollegen.

»Kaktuswald?«, sagte der. »Das liegt gute hundert Kilometer südlich, in der Wüste. Bist du sicher, dass du richtig verstanden hast?«

»Ganz bestimmt«, sagte Wendelin. »Ich riskiere es. Ich fahre hin.«

»Na, hoffentlich bricht deine Klapperkiste nicht mitten in der Wüste zusammen!«, rief ihm der Kollege nach.

Fast eine Stunde brauchte Wendelin, bis er die Stadt verlassen hatte, und eine weitere Stunde darauf befand er sich schon in der Wüste. Sein Auto war zwar alt, doch der Motor funktionierte noch tadellos. Eine hohe Staubwolke hinter sich herziehend, fuhr der Hund Wendelin schnurgerade nach Süden. Eine kleine Ansammlung von Kakteen tauchte links vor ihm auf, aber dort war alles unbewohnt, das sah man gleich. Nach zwei weiteren Stunden Fahrt durch eine Sandebene wäre das Auto in einer Düne beinahe stecken geblieben. Die Hinterräder drehten durch, aber Wendelin kam gerade noch frei. Vorsichtig fuhr er weiter. Wenn er hier stecken bliebe, konnte ihm niemand helfen. Wendelin bekam langsam Zweifel, ob er die Adresse finden würde. Laut Tachometer war er nämlich schon hundertfünfzig Kilometer weit

1
Kaktuswald
TAXI

gefahren. Gerade als er ans Umkehren dachte, tauchte vor ihm ein Wald mit riesigen Kakteen auf. Einer dieser Kakteen hatte so etwas wie ein rotes Dach und kurz darauf hielt Wendelin vor dem Kaktushaus. Über dem Eingang war eine Tafel angebracht. »Kaktuswald 1« stand darauf. »Hallo!«, rief Wendelin. »Das bestellte Taxi ist da!« In den Fenstern des Kaktushauses erschienen lauter Mäuse. Eine ältere Maus trat auf den Balkon. »Taxi? Wir haben kein Taxi bestellt. Wir besitzen ja nicht einmal ein Telefon!«

»Ach ...«, sagte Wendelin verdutzt. Er brauchte eine Weile, bis er begriff, dass er die Adresse doch falsch verstanden hatte. Wahrscheinlich hieß es richtig »Kaduswald Nr. 1«. Erst jetzt erinnerte er sich, dass es am Stadtrand eine »Kadusgasse« gab. Der ganze weite Weg war also umsonst gewesen! Wendelin war niedergeschlagen. Doch die Mäuse luden ihn in ihr kühles Kaktushaus ein und bewirteten ihn mit Eistee. So war es doch noch ein netter Ausflug gewesen!

Das Dampfluftschiff

Jonathan Maus war Kapitän eines kleinen Dampfschiffes, mit dem er seit nun schon zwanzig Jahren das Meer befuhr. Er beförderte Waren aller Art von Norden nach Süden, von Westen nach Osten und er kannte das Meer wie seine eigene Westentasche. Ja, Jonathan Maus liebte das weite Meer und konnte sich nicht einmal im Traum vorstellen, jemals einen anderen Beruf als den des Seemannes auszuüben. Doch eines Tages wurde er von der Seekrankheit befallen! Jonathan wurde es unheimlich übel, obwohl nur mittlerer Seegang herrschte. Dreimal musste er sich an diesem Tag übergeben, es ging ihm ganz elend. In den darauf folgenden Tagen und Wochen wurde die Seekrankheit nicht besser und so musste Jonathan den Heimathafen anlaufen.

Als er den Fuß an Land setzte, war die Seekrankheit augenblicklich verschwunden. Was für ein Unglück für Kapitän Jonathan, wo er doch das Meer so sehr liebte! Er suchte einige Ärzte auf, aber die wussten auch keinen Rat. Gegen Seekrankheit gab es kein zuverlässiges Mittel. Jonathan Maus musste also wohl oder übel daran denken, einen anderen Beruf an Land zu ergreifen oder sich zur Ruhe zu setzen.

Eines Tages sah Jonathan, wie auf einer Wiese am Stadtrand ein Heißluftballon startete. Und plötzlich hatte er einen Einfall, wie er trotz seiner Seekrankheit mit dem Schiff übers Meer fahren konnte! Jonathan schaffte sich einen großen, länglichen Heißluftballon an, den ließ er mit Seilen an seinen Dampfer montieren. Mit einem Schlauch wurde nun heißer Dampf aus der Dampfmaschine des Schiffes in den

Ballon gelassen und das Schiff begann zu schweben. Am Bug hatte Jonathan einen Propeller anbringen lassen, damit das ganze Dampfluftschiff auch Fahrt machen konnte. Alles funktionierte hervorragend!

So schwebte ab diesem Tag Kapitän Jonathan über die Meere. An Tagen, an denen er sich besonders gut fühlte, ließ er Heißluft aus dem Ballon ab, bis das Schiff wieder auf dem Meer schaukelte. Und wenn es ihm schlecht wurde, stieg er einfach wieder in die Luft auf ...

Das Hochwasser

Vor zwei Wochen war die Katze Melania mit ihren drei Kindern in das alte Bauernhaus am Fluss eingezogen. Sie hatte das Haus renovieren lassen und mit neuen Möbeln eingerichtet. Alles war fertig und dann kam das Hochwasser ... Fünf Tage lang regnete es ununterbrochen und der Fluss stieg immer weiter über seine Ufer. Das Wasser überschwemmte den Garten, es füllte den Keller und schließlich drang es auch in die Wohnräume im Erdgeschoss. Melania und die Kinder flüchteten auf den Dachboden.

Nach zwei Tagen hörte das Hochwasser auf zu steigen. Aber es war Melania klar, dass sie von hier weg mussten. Sie konnten sich nichts zu essen kochen und den Kindern war kalt auf dem zugigen Dachboden. Da nahm sie eine alte Badewanne, die da oben herumstand, und verwendete sie als Boot.

Die Katzen packten das Allernotwendigste zusammen und Melania ruderte das Badewannenboot in Richtung trockenes Land. Unterwegs hielten sie beim Eichkatzenbaumhaus an und fragten, ob jemand mitfahren wollte. Doch Peter Eichkatz dachte nicht im Mindesten daran, sein Baumhaus zu verlassen. »Wir leben schon seit vierzehn Jahren hier«, sagte er. »In dieser Zeit hat es fünf Mal Hochwasser gegeben, und nie ist es höher gestiegen als zwei Stufen unterhalb der Eingangstür. So wird es auch heuer wieder sein. Es tut mir sehr leid, dass ihr so viel Pech hattet.«

Dann gab er Melania die Adresse von Verwandten, die in der nächstliegenden Ortschaft wohnten. »Sag Onkel Nepomuk einen schönen

Gruß von mir. Er wird euch sicher so lange bei sich wohnen lassen, bis das Hochwasser vorüber ist!«

Melania fuhr mit ihren Kindern weiter. Sie kamen müde, aber ansonsten ohne Probleme beim Haus von Peter Eichkatz' Onkel an. Das Bauernhaus am Fluss hat die Katze Melania kurze Zeit darauf verkauft. Ein zweites Mal wollte sie so eine schreckliche Überschwemmung nicht mehr erleben.

Der violette Drache

Es war einmal ein riesengroßer, uralter Wald, in dem viele Tiere lebten. Den Tieren ging es gut in diesem Wald. Sie hatten alles, was sie brauchten, und sie wurden nie von Menschen gestört, denn die Menschen hatten diesen Wald noch nicht entdeckt. Nur den nördlichen Teil des Waldes mieden die Tiere. Nach einer alten Sage sollte dort ein furchtbarer violetter Drache hausen, der alles fraß, was ihm unter die Augen kam. Den violetten Drachen hatte zwar keines der Tiere jemals gesehen, in das nördliche Waldgebiet trauten sie sich aber trotzdem nicht.

Nun lebten in dem Wald auch viele Bären mit ihren Kindern. Eins dieser Bärenkinder war Nestor. Nestor war kleiner als die anderen Bärenkinder in seinem Alter. Er konnte nicht so schnell laufen wie seine Spielgefährten, beim Bärenringkampf war er immer der Unterlegene und beim Bäumehochklettern war er immer der Letzte. Die anderen kleinen Bären wollten ihn daher oft nicht mitspielen lassen. Und manchmal lachten sie ihn auch aus.

Nestor war zwar schwächer als seine Freunde, aber er war sehr mutig. Als ihn die anderen Bärenkinder wieder einmal nicht mitspielen lassen wollten, lief er traurig davon. Ganz weit weg lief Nestor, und zwar in Richtung Norden, dorthin, wo der violette Drache wohnte. Aber an den Drachen dachte der kleine Bär gar nicht. Nachdem er lange gelaufen war, kam Nestor auf eine schöne, stille Waldlichtung. Er setzte sich auf einen Stein und grübelte über die Ungerechtigkeiten seiner Spielgefährten nach. Plötzlich knackste es leise in den Bäumen und der Kopf des violetten Drachen schob sich über die Baumwipfel.

Der kleine Bär bekam einen großen Schreck, als er das riesige Tier sah. Doch der violette Drache hatte ein so liebes Gesicht, dass Nestor alle Angst verlor. Die beiden schauten sich eine Weile an. Nestor spürte, dass der Drache sich auch einsam fühlte.

Der kleine Bär stand auf und berührte die Nasenspitze des violetten Drachen. Der schnaubte leise und lächelte. Dann zog er seinen langen Hals zurück und verschwand zwischen den Baumkronen.

Glücklich ging der kleine Bär nach Hause. Ob er seinen Freunden von der Begegnung mit dem Drachen erzählen sollte? Sie würden ihm bestimmt kein Wort glauben.

Morgen gehe ich wieder zu der Lichtung, dachte Nestor. Vielleicht kommt der violette Drache zurück? Nestor freute sich schon darauf.

Richard Schnurr, der Federnsammler

In der Stadt Katzenheim lebte ein Kater namens Richard Schnurr, der hatte ein ungewöhnliches Hobby: Er sammelte Vogelfedern. Richard Schnurr war von Beruf Straßenbahnschaffner. Jede freie Minute widmete er seinem geliebten Hobby. Federn in allen Farben und Größen besaß er: Pfauenfedern, Fasanenfedern, Papageienfedern, Adlerfedern, Flamingofedern, aber auch gewöhnliche Hühnerfedern, Taubenfedern und Spatzenfedern. Kurz, von jeder Vogelart auf der Welt besaß Richard Schnurr mindestens eine Feder. Diese Sammlung war sein ganzer Stolz. Er zeigte sie bei jeder Gelegenheit seinen Freunden.

Eines Tages fand Richard auf einem Feld eine wunderschöne blaue Feder, die der Wind vor sich her trieb. Richard trug sie nach Hause und betrachtete sie unter der Lupe. So eine Feder hatte er noch nie gesehen, und er kannte keine Vogelart, die solche Federn trug. Er zeigte sie seinen Freunden, doch die meinten nur, dass sie eine gefärbte Straußenfeder sei, die wahrscheinlich eine Katze von ihrem Hut verloren hatte. Doch Richard war anderer Ansicht. Er beschloss, den seltsamen Vogel, von dem diese Feder stammte, zu suchen.

Im Urlaub reiste Richard Schnurr in den Süden und durchstreifte dort die Wälder. Er zeigte überall die blaue Feder herum, doch niemand wusste einen Vogel, der solche Federn trug. Schließlich mietete der Kater ein Segelboot und fuhr zu einer abgelegenen Inselgruppe hinaus. Auf jeder Insel landete er und durchstreifte die Wälder. Es gab dort Papageien und Möwen und Schwalben und andere bekannte

Vögel, von denen Richard bereits Federn besaß, doch keinen blauen Vogel.

Der Kater glaubte nun auch, dass die Feder eine normale Straußenfeder war, und wollte seine Suche aufgeben. Auf einer Insel wollte er es noch versuchen. Auf dieser Insel war es sehr still. Richard sah keinen einzigen Vogel. Er ging in den Wald hinein und plötzlich sah er sich fünf großen, fabelhaften Vögeln gegenüber! Sie hockten auf den Ästen und sahen ihn erstaunt an. Zwei von ihnen hatten blaues Gefieder, und Richard wusste, dass er am Ziel war. Er erzählte den Vögeln von seiner Federnsammlung und dass es sein größter Wunsch sei, von jedem von ihnen eine Feder mitnehmen zu dürfen.

Die fünf Vögel hörten ihm verwundert zu. Ein großer, prächtiger, roter Vogel, der leicht schielte, sagte schließlich: »Wir geben dir die Federn sehr gern, wenn es dir solche Freude macht. Für uns ist das nichts Besonderes. Auf unserer Insel hat jeder Vogel so ein prächtiges Gefieder. Aber du musst uns versprechen, die Lage unserer Insel niemandem zu verraten. Es würden sonst sehr viele Besucher kommen und uns sehen wollen und dann hätten wir keinen Frieden mehr!«

Richard Schnurr versprach das mit Freuden. Er durfte jedem Vogel auf der Insel eine Feder ausrupfen und fuhr mit einem dicken Bündel der herrlichsten Federn nach Hause. Seine Federnsammlung wurde in ganz Katzenland berühmt. Und wenn ihn jemand fragte, wo diese herrlichen Vögel zu finden seien, lächelte Richard bloß und sagte kein Wort.

Die geheimnisvolle Tür

Die Maus Mucki und der Reiher Albert hatten sich am Ufer eines Teiches kennen gelernt. Der Reiher war im Wasser spazieren gegangen und die Maus hatte ihn angesprochen.

»Tag, Herr Reiher«, hatte sie gesagt. »Kannst du gut fliegen?«

»Selbstverständlich«, hatte der Reiher erwidert. »Warum fragst du?«

»Weil ich gerne einmal mitfliegen würde«, hatte die Maus Mucki gesagt. Und der Reiher war sofort einverstanden. Die freche, mutige, kleine Maus war ihm von Anfang an sympathisch. Seither hatten sie zusammen viele kurze und auch längere Flugreisen gemacht.

Einmal waren sie besonders weit geflogen. Sie entdeckten ein Tal, dessen Felswände über und über mit Kletterpflanzen bewachsen waren. Als der Reiher dort landete, sahen sie eine geheimnisvolle Tür in der grünen Felswand. Neben der Tür saß ein kleiner, violetter Bär im Gras und weinte.

»Warum weinst du denn?«, fragte ihn Mucki-Maus. »Ich kann nicht hinein, weil ich den Schlüssel verloren habe«, schluchzte der Bär. »Den ganzen Tag lang suche ich ihn schon.«

»Wir helfen dir«, sagte Mucki. »Weißt du noch, wohin du heute gegangen bist?«

»Ach, es hat keinen Sinn«, sagte der violette Bär.

»Der Schlüssel liegt irgendwo im Gras, den findet ihr auch nicht.«

Da hatte Albert einen Einfall. Er ging zur Tür und steckte seinen Schnabel in das Schlüsselloch. Er stocherte darin eine Weile herum, verdrehte dann ruckartig seinen Hals – im Schloss schnappte es – und

die Tür war offen. Der kleine Bär freute sich riesig, als er das sah. »Vielen herzlichen Dank!«, rief er.

»Ihr müsst unbedingt meine Gäste sein! Kommt, folgt mir! «

Der Bär verschwand in der Tür, Mucki und der Reiher gingen ihm nach.

Sie hatten eine dunkle, muffige Bärenhöhle erwartet, doch standen sie plötzlich in einer riesengroßen unterirdischen Halle, in deren Mitte ein See mit einer Insel lag. Auf der Insel stand ein schmuckes Schloß.

»Wohnst du hier?«, fragte die Maus verblüfft.

»Ja«, sagte der kleine Bär. »Ich bin Philipp Edoardo von Grottenburg, der letzte violette Zwergbär!«

Mucki und der Reiher kamen aus dem Staunen nicht mehr heraus. Der kleine Bär führte sie in sein Schloss und bewirtete sie drei Tage lang mit den feinsten Speisen, die er alle selber zubereitete. Das war sein Dank für die Rettung.

Das Labyrinth

Das Nashorn Heinz hatte im Lotto zwölf Millionen Schilling gewonnen und sich von dem Geld ein kleines Schlösschen bauen lassen. Vor dem Schlösschen hatte Heinz ein Labyrinth aus Ligustersträuchern anlegen lassen. Das Labyrinth hatte er selbst entworfen, schon lange hatte er davon geträumt. In der Mitte des Labyrinths hatte Heinz eine Badewanne und einen Sonnenschirm aufgestellt. Wenn es heiß war, verließ er sein Schlösschen, stieg die Treppe zum Labyrinth hinunter, sperrte die Gittertür auf, ging hinein, sperrte die Tür hinter sich wieder zu und spazierte durch die frisch duftenden Blättergänge zum Mittelpunkt des Labyrinths. Dort setzte er sich in die Wanne und war grenzenlos glücklich und zufrieden.

Nur die Maus Ulli besaß noch einen Schlüssel zu Heinz' Labyrinth. Sie besuchte ihn von Zeit zu Zeit, brachte ihm Comichefte zum Lesen und erzählte ihm von ihren Abenteuern in Amerika. (Ulli war nämlich eine amerikanische Maus!) Das Labyrinth war der absolute Lieblingsplatz von Heinz Nashorn. Leider hatte es einen kleinen Nachteil. Denn von oben, von der Brüstung, konnte man die ganze Anlage überblicken!

Jeder Besucher konnte also in das Labyrinth hineinsehen und dessen Geheimnis erkennen. Dadurch war irgendwie der ganze Reiz der Anlage weg. Das Labyrinth war kein wirklich geheimer Ort mehr. So hatte Heinz Nashorn sich vorgenommen, im nächsten Jahr eine Mauer um den Irrgarten bauen zu lassen. Eine Mauer, die gerade so hoch sein musste, dass niemand darüberschauen konnte. Dann würde es noch schöner sein, in der Badewanne zu liegen und zu träumen ...

Der Piratenschatz

Käpt'n Tiger, der einäugige Pirat, war der Schrecken der sieben Meere. Mit einer wilden Seeräubermannschaft war er auf einem schnellen Segelschiff unterwegs. Und jedes Schiff, das ihm in die Quere kam, wurde vom Bug bis zum Heck und vom Deck bis zum Kiel ausgeraubt.

Käpt'n Tiger hatte es vor allem auf den Schmuck und das Gold der Passagiere abgesehen. Sieben Kisten voll Gold und Juwelen hatte er im Laufe der Jahre zusammengeraubt und in der Kapitänskajüte gelagert. Schließlich war der Platz zu eng geworden, und Käpt'n Tiger befahl, eine einsame Insel anzulaufen. In einer stillen Bucht ging das Seeräuberschiff vor Anker.

Käpt'n Tiger ließ die sieben Schatzkisten in ein Ruderboot laden und ruderte mit seinen engsten Vertrauten an Land. Das waren Krummnase, der schwarze Geiersteuermann, Benjamin, der Waschbär, und Spitznase, die violette Wasserratte. Die anderen Seeräuber mussten an Bord bleiben und sich die Augen fest zuhalten; denn Käpt'n Tiger wollte seine Schätze auf der Insel vergraben und dabei durfte niemand zusehen.

Benjamin Waschbär und die Wasserratte mussten auf einem Hügel ein tiefes Loch ausheben. Die sieben Schatzkisten wurden in das Loch gesenkt und danach mit Erde bedeckt.

»Seeerhrrr gut!«, knurrte der grimmige Piratenkapitän. »Hier ist mein Schatz sicher. Niemand hat uns beobachtet, keiner hat etwas gesehen, außer euch dreien, aber auf euch kann ich mich verlassen, nicht wahr?«

»Ja, natürlich, Tiger!«, sagten der Geier, der Waschbär und die Wasserratte. »Kein Wort kommt über unsere Lippen, so wahr wir echte Seeräuber sind.«

»Das will ich euch auch geraten haben!«, sagte der Tiger und sein grünes Auge blitzte dabei ganz schön gefährlich. Dann fuhren alle vier zum Seeräuberschiff zurück und kurz darauf segelte das große Schiff aufs weite Meer hinaus.

Hat wirklich niemand die vier Schatzgräber beobachtet?

Die traurige Bärin

Es war einmal eine unglückliche kleine Bärin, die hieß Olivia. Sie lebte mit vielen anderen Bären in einem großen Wald. Mitten in diesem Wald lag ein tiefer, dunkler See. Jeden Tag ging Olivia allein das Seeufer entlang zu ihrem Lieblingsplatz bei den großen Sumpfblumen. Dort setzte sie sich nieder und schaute traurig übers Wasser. Olivia hatte großen Kummer, weil sie viel kleiner als die anderen Bären in ihrem Alter war und weil sie als Einzige blaue statt braune Augen hatte. Olivia war öfter wegen ihrer blitzblauen Augen verspottet worden und deswegen mied sie die Gesellschaft der anderen Bären. Sie fühlte sich oft furchtbar allein.

Eines Tages, als sie wieder todunglücklich an ihrem Lieblingsplatz am See saß, plätscherte es plötzlich vor ihr im Wasser, und ein großer, grüner Frosch tauchte auf. Olivia erschrak im ersten Moment, aber der Frosch hatte einen so sanften Blick, dass sie gleich Vertrauen fasste.

»Ich habe dich von weitem schon oft hier sitzen gesehen und immer warst du traurig«, sagte der Frosch. »Was fehlt dir denn, kleine Bärin?«

Da schüttete Olivia dem Frosch ihren ganzen Kummer aus und erzählte ihm alles. Der Frosch hörte geduldig zu. Als die Bärin geendet hatte, sagte der Frosch: »Ich weiß ein Mittel gegen deinen Kummer. Dreh dich um, siehst du die Tautropfen auf der großen Blüte hinter dir? Trinke jeden Tag einen dieser Tropfen, dann wird es dir bald besser gehen.«

»Werde ich dann schneller wachsen und braune Augen bekommen?«, fragte die Bärin.

»Nein«, sagte der Frosch. »Größer wirst du ganz von alleine und deine blauen Augen sind gerade das Schönste an dir. Aber du wirst ganz einfach nicht mehr traurig sein. Du wirst sehen!«

Es kam so, wie es der Frosch gesagt hatte. Olivia trank jeden Tag einen Tropfen von der großen Blüte. Nun wurde sie heiter und keiner von den Bären lachte sie aus. Alle fingen an, sie zu bewundern.

Ob das wirklich die Tropfen der Blume bewirkt hatten oder einfach die Freundschaft mit dem geheimnisvollen Frosch?

Bruno, der Bär, ist krank

Bruno, der kleine Bär, war krank geworden. Oh, es war nicht so schlimm! Ein bisschen Fieber hatte er und einen netten Schnupfen. In einigen Tagen würde er wieder ganz gesund sein, noch dazu, wo ihm der Frosch so schöne Lieder vorsang! Bären sind nie lange krank. Das liegt wohl an ihrer sprichwörtlichen »Bärennatur«. Doch wie war es zugegangen, dass nun Bruno mit einer Erkältung im Bett liegen musste?

Gestern war es gewesen. Gestern, um die Mittagszeit. Bruno-Bär ging am Flussufer spazieren und suchte besonders schöne Kieselsteine. Auf seinem Weg kam er ein Stück ins Gebirge hinauf. Da sah er plötzlich eine Hängebrücke, die den Fluss überspannte. Auf der einen Seite der Brücke stand ein Esel und auf der anderen ein Wildschwein. Als der Esel Bruno-Bär sah, winkte er ihn zu sich und sagte: »Das Wildschwein und ich – wir trauen uns nicht über die Brücke. Wer weiß? Vielleicht ist sie morsch, und wenn ich hinübergehe, bricht sie durch? Sei so gut, kleiner Bär, und geh ein Stück auf die Brücke hinaus, damit wir sehen, ob sie auch hält.«

»Schön und gut«, antwortete Bruno. »Aber wenn die Brücke so schlecht wäre, wie du meinst, könnte ich genauso gut ins Wasser fallen!«

»Nein«, sagte der Esel, »bei dir wird sie sicher halten, denn du bist viel leichter als ich.«

»Was hätte das für einen Sinn?«, sagte Bruno-Bär. »Denn wenn die Brücke mein Gewicht aushält, muss sie noch lange nicht deins tragen!«

»Doch«, sagte der Esel, »das wird sie, denn ich werde mich ganz leicht machen, leicht wie eine Feder!«

In Wahrheit wollte er nur Bruno dazu bringen, dass er für ihn die Brücke erprobte. War Bruno einmal, ohne durchzubrechen, über die Brücke gegangen, so würde gewiss das Wildschwein als Nächstes die Brücke betreten. Und das Wildschwein war fast so schwer wie der Esel. Hielt die Brücke auch beim Schwein, so konnte er gefahrlos den Fluss überqueren. So dachte der Esel, und daraus ersieht man, dass nicht alle Esel auf der Welt Dummköpfe sind.

Bruno-Bär wagte es. Er ging bis zur Mitte der Brücke und drehte sich dann um. »Sie hält!«, rief er dem Esel zu.

Der Esel rief nun zum Wildschwein hinüber: »Geh du jetzt über die Brücke! Ich lasse dir den Vortritt!«

Doch das Wildschwein grunzte und sagte: »Ich trau mich nicht!«

Da wurde der Esel wütend, weil sein schöner Plan nicht funktionierte, und ging seinerseits auf die Brücke. Daraus nun ersieht man, dass nicht alle Esel, die auf den ersten Blick klug aussehen, es auch sein müssen. Als nämlich der Esel auf der Brücke war, wo Bruno-Bär stand, glaubte das Wildschwein, dass die Brücke sicher sei, wo sie ja die beiden auf einmal trug, und betrat ebenfalls die Brücke. Und so brach die Brücke endlich durch und alle drei Tiere fielen ins Wasser. Einzeln hätten sie gefahrlos den Fluss überqueren können, doch alle drei trug die Brücke nicht.

Auf diese Art also hatte sich Bruno die Erkältung zugezogen ...

Der durstige Elefant

In einem südlichen, heißen Land lebten mehrere Mäusefamilien in einem großen Haus. Es war das einzige Haus im Umkreis von vielen Kilometern. Die Gegend rundherum war karg und trocken. Es wuchsen nur wenige Bäume dort, dafür aber umso mehr Disteln. Es war ein unwirtliches Land. Auch gab es viele gefährliche Tiere in den Bergen und sogar Räuberbanden, die von Zeit zu Zeit Dörfer und einzeln stehende Häuser überfielen. Doch das Haus der Mäuse hatte dicke Mauern und eine starke Eichentür und sie fühlten sich dahinter sicher.

Eines Tages bekamen die Mäuse von einem Vogel die Nachricht, dass die Räuberbande des gefürchteten roten Wolfs im Anmarsch sei. Die Mäuse verriegelten sofort Tür und Fenster und warteten ab.

Zwei Tage lang rührte sich nichts. Am dritten Tag näherte sich ein Wanderer dem Mäusehaus. Ein großer, hellhäutiger Elefant, der einen Rucksack trug. Misstrauisch beobachteten ihn die Mäuse aus dem Fenster.

»Guten Tag, ihr Kleinen!«, sagte der Elefant. »Habt ihr einen schattigen Rastplatz für einen durstigen Wanderer?«

»Wir lassen dich nicht herein!«, sagte eine Maus. »Wie sollen wir wissen, ob du nicht zur Räuberbande des roten Wolfs gehörst?«

»Ihr könnt mir glauben, ich gehöre ganz sicher nicht zu einer Räuberbande«, sagte der Elefant. »Aber ihr müsst die Tür nicht öffnen. Ich reiche euch meine zwei Flaschen hinauf und ihr füllt sie mir bitte mit kühlem Wasser. Mehr möchte ich gar nicht, dann gehe ich schon wieder.«

Der Elefant holte zwei Flaschen aus seinem Rucksack und balancierte sie geschickt auf seinem Rüssel zum Fenster hinauf. Das gefiel den Mäusen sehr.

»Kannst du noch mehr solcher Kunststücke?«, fragten sie.

»O ja«, sagte der Elefant. »Ich war einmal bei einem Zirkus, da habe ich allerhand gelernt!«

Nun wussten die Mäuse, dass sie von dem Elefanten nichts zu befürchten hatten, und sie ließen ihn sofort in ihr kühles Haus, wo sie ihn aufmerksam bewirteten.

Und die Räuber? Die waren tatsächlich in der Nähe gewesen. Aber als sie gesehen hatten, wie der starke Elefant in das Haus ging, waren sie eilig weitergezogen. Mit so einem riesigen Gesellen wollten sie sich lieber nicht anlegen.

Die Überschwemmung

An einem Fluss stand das rosa getünchte Haus des Katers Antonio. Im Sommer war es hier besonders schön. Antonio besaß auch eine Wohnung in der Stadt. Dort lebte er im Winter. Aber sobald es wärmer wurde und das Land zu grünen begann, zog der Kater in sein rosarotes Häuschen am Fluss. Alle seine Freunde besuchten ihn dort im Laufe des Sommers. Dann wurden Gartenfeste veranstaltet und manchmal saßen an die zwanzig Katzen und Kater unter den Kastanienbäumen. Sie aßen gegrillten Fisch und tranken Milch und unterhielten sich königlich.

Wenn der Sommer vorüber war und der Herbst kam, wurden die Besucher immer weniger und Kater Antonio war öfter allein.

In diesem Herbst war Antonio aber zu lange in seinem Sommerhäuschen geblieben. Das Wetter war ganz plötzlich umgeschlagen und es hatte viele Tage lang zu regnen begonnen. Die Nächte waren kalt geworden und die letzten Blätter waren von den Bäumen gefallen. Antonio wollte das Ende des Regens abwarten und dann in die Stadt übersiedeln.

Aber als er eines Morgens aus dem Fenster schaute, sah er zu seinem Schrecken, dass der Fluss über seine Ufer getreten war und das Land rings um sein Haus überschwemmt hatte. Kater Antonio konnte nicht mehr weg. Er hatte kein Boot und die nächsten Nachbarn waren weit entfernt. Zum Glück hatte Antonio reichlich Lebensmittel in der Speisekammer. Doch länger als zwei Wochen würden die nicht reichen. Der Kater war sehr besorgt. Das rosa Haus war zwar hoch

HERBST

gebaut, so dass das Wasser nicht in die Wohnräume dringen konnte, aber niemand konnte wissen, wann es wieder zurückgehen würde.

Fast eine Woche lang war Kater Antonio vom Hochwasser eingeschlossen. Dann kam eines Tages ein gelbes Fischballonluftschiff in diese Gegend. Antonio stieg eilig aufs Dach und winkte die Luftschiffer heran. Sie ließen ihm eine Strickleiter herab und retteten ihn. Antonio konnte aufatmen. Ein Hochwasser ist schön anzusehen, dachte er. Aber wenn man selber davon betroffen ist, wird es weniger lustig.

Das Notquartier

Die Katzenfamilie Miezbacher mit ihren drei Kindern verbringt diesen Winter in einer Erdhöhle. Wie ist es dazu gekommen? Katzen leben doch nicht unter der Erde wie Murmeltiere oder Füchse! Katzen leben doch in Häusern über der Erde! Und Winterschlaf halten sie auch keinen, obwohl es manchmal den Anschein hat. Auch die Familie Miezbacher hatte ein Haus besessen. Ein kleines, gemütliches Häuschen mit einem großen Garten. Das Haus war zwar schon sehr alt und etwas baufällig, aber den Winter hätte es ohne Probleme überstanden.

Leider kamen im November schwere Stürme und deckten das Dach teilweise ab. Die Maulwürfe, die im Garten der Miezbachers wohnten, beschlossen, besonders tiefe Höhlen zu graben, da sie nach diesen Stürmen einen grimmigen Winter erwarteten. Herr Miezbacher war gerade dabei, das Dach zu flicken, da wackelte plötzlich das Haus und die hintere Wand fiel um! Die Maulwürfe hatten ihre Höhlen unter das Haus gegraben und deswegen war es eingestürzt. Ein bedauernswertes Missgeschick. Die Maulwürfe entschuldigten sich zwar gleich bei der Katzenfamilie, doch das machte das Haus nicht wieder ganz. Zeit, ein neues zu bauen, war auch keine. Die Katzenfamilie war also obdachlos, und das so kurz vor dem Winter!

Da machten die Maulwürfe den Vorschlag, eine große Höhle für die Katzen zu graben, damit die gröbste Not gebannt wäre. »Ihr werdet sehen, es ist gar nicht schlecht, den Winter unter der Erde zu verbringen!«, versicherten die Maulwürfe. »Kalt wird euch bestimmt nicht!«

Nun gut, die Katzen wollten es versuchen. Wenige Tage darauf war die Höhle fertig gestellt und die Familie Miezbacher zog mit den notwendigsten Habseligkeiten ein.

In der ersten Woche war es ein bisschen eng und ungewohnt für die Katzen. Aber dann gewöhnten sie sich schnell an das Höhlenleben. Als der erste Schnee fiel, schliefen sie schon wie richtige Murmeltiere. Nur die Maus blieb wach und las bei Kerzenschein lange in ihrem Lieblingsbuch.

Franios Schloss

Franio war ein wunderbarer Architekt! Schon in jungen Jahren hatte er traumhaft schöne Schlösser entworfen, und die Könige und Fürsten des Kontinents waren auf ihn aufmerksam geworden und hatten ihn mit Aufträgen überhäuft. So hatte Franio zum Beispiel das riesige Schloss Pfauenstein gebaut. Auch das Schloss Schlangenwasser mit den fünfundzwanzig schlanken Türmen inmitten einer zauberhaften Teichlandschaft war sein Werk. Die wuchtige Burg Bärenfels hatte er entworfen, und auch das viel bewunderte Schloss Großblütenpracht am Zaubersee mit seinen vielen goldenen Kuppeln und atemberaubend geschwungenen Treppen war nach Franios Plänen errichtet worden. Insgesamt hatte Franio neunzehn Schlösser und Burgen gebaut. Aber in seinem Schreibtisch lagen noch Pläne und Skizzen für über hundert Traumschlösser!

Nun war Franio alt geworden. Er hatte sich in ein stilles Tal im Süden seines Heimatlandes zurückgezogen. Von seinen Ersparnissen hatte er sich selbst ein Schloss errichten lassen. Ein weißes Schloss mit kühnen, spitzen Türmen. Er nannte es einfach »Franios Schloss« und fand, dass es ihm sehr gelungen war. Es war nicht zu groß und nicht zu klein und die Zimmer waren behaglich eingerichtet. Auch die Möbel hatte er selbst entworfen. So passte alles zusammen. Franio fühlte sich sehr wohl in seinem Schloss.

Manchmal spazierte Franio zu einer Felsnadel, die er durch Zufall entdeckt hatte. Dort war sein Lieblingsplatz. Hier fühlte er sich wohl,

denn von hier aus konnte er das Schloss in seiner ganzen Schönheit sehen. Hierher kam Franio auch, um zu lesen oder den Vögeln zuzusehen, oder auch, um zu träumen.

Der gerettete Hase

Günter, der Dachs, machte gern weite Wanderungen durchs Gebirge. An einem sonnigen Frühlingstag packte er wieder einmal Proviant in seinen Rucksack und marschierte los. Günter hatte kein bestimmtes Ziel vor Augen, einfach so draufloszugehen, war ihm ein großes Vergnügen.

Nach einiger Zeit schienen dann seine Füße wie von alleine zu gehen, und sein Kopf wurde frei für allerhand phantastische Gedanken. Die Gedanken gingen dann sozusagen ihrer eigenen Wege. Günter Dachs liebte das sehr.

Mehr als zwei Stunden lang wanderte der Dachs durch den Wald, immer höher ins Gebirge hinauf. Als er aus dem Wald herauskam, hatte sich der Himmel verdunkelt, und kurz darauf ging ein dichter Regenguss nieder. Darauf war Günter Dachs nicht vorbereitet gewesen. Er wollte eilig in den Wald zurückgehen, da sah er auf der Wiese einen Hasen hocken. Sein Fell war schon ganz nass, aber er rührte sich nicht von der Stelle. Günter ging zu ihm. »Was ist denn los mit dir?«, fragte er. »Warum läufst du nicht in den Wald? Bist du krank?« Der Hase nickte ganz schwach. »Ich kann nicht laufen«, sagte er mit leiser Stimme. »Mir ist kalt und ich bin so müde …«

Günter Dachs handelte schnell. Er leerte seinen Rucksack aus und packte den kranken Hasen hinein. Günter wusste, dass irgendwo in der Nähe, in einem kleinen, versteckten Tal, die heilkundige Ratte Seluma wohnt. So schnell es nur ging, lief der Dachs mit dem Hasen auf dem Rücken durch den Regen. Und Günter hatte Glück! Auf An-

hieb fand er das Tal, in dem das rosarote Häuschen der Ratte stand. Seluma war auch zu Hause und empfing die beiden sehr freundlich. Sie untersuchte den Hasen nur kurz, dann gab sie ihm zwei seltene Wurzeln zu essen und legte ihn ins Bett.

»In zwei Tagen ist er wieder gesund!«, sagte sie.

Günter Dachs blieb bei der Ratte, bis der Hase wiederhergestellt war, und begleitete ihn dann in den Wald zurück.

Der bunte Bär

Ein Wanderzirkus rastete einmal an einem Waldrand. Dominik Ravioli, der Direktor, machte einen kleinen Spaziergang in den Wald. Da traf er einen bunten Bären! An einen Baumstamm gelehnt, saß er da und sah todtraurig aus.

»Ein bunter Bär! Wundervoll!«, rief der Zirkusdirektor.

»Aber ... hast du denn gar keine Angst vor mir?«, fragte der Bär.

»Ganz im Gegenteil«, sagte Dominik Ravioli. »Ich finde dich entzückend. Wie bist du denn zu diesen Farben gekommen?«

»Ach«, erwiderte der Bär, »mein großer Appetit auf Süßigkeiten ist schuld daran. Ein Specht hat mir von einer Konditorei in der Stadt erzählt. Von einem Schaufenster voller bunter Süßigkeiten. Ich konnte mich nicht mehr halten. In der Nacht schlich ich in die Stadt und suchte dieses Schaufenster. In einer schlecht beleuchteten Seitengasse fand ich es schließlich. Mit ein paar Steinen warf ich die Scheibe ein und stürzte mich auf die Kuchen und Törtchen. Aber es waren lauter Farbdosen! Ich war in eine Farbenhandlung geraten! Dann fiel auch noch ein Regal um. Einige der Dosen waren nicht verschlossen und das Ergebnis siehst du hier. Ich bin der unglücklichste Bär auf der Welt! Alle Tiere im Wald fürchten sich jetzt vor mir. Sie laufen davon, wenn sie mich sehen. Und die Farben lassen sich nicht abwaschen. Ich hab's versucht, es geht nicht ...«

»Bleib nur, wie du bist«, sagte Dominik Ravioli lachend. »Komm mit mir zum Zirkus! Du wirst die Sensation meines Programms sein! Alle werden über dich lachen und dich gern haben, das kann ich dir

versprechen. Mit der Zeit wird die Farbe schon abgehen. Dann kannst du in den Wald zurück, wenn du noch willst. Aber ich glaube, das Zirkusleben wird dir so gefallen, dass du dich später freiwillig einfärben lassen wirst! Na, einverstanden?«

»Ich kann's ja mal versuchen ...«, sagte der bunte Bär zögernd.

Es kam so, wie Dominik Ravioli es vorausgesehen hatte. Der bunte Bär wurde eine Sensation!

Fünf Jahre sind seit jener Begegnung im Wald vergangen. Der Bär ist noch immer beim Zirkus. Fünfundzwanzigmal hat er inzwischen sein Fell neu einfärben lassen. Und jedes Mal war es ihm nicht bunt genug!

Der Kapitän im Baum

Kater Humbert war sein Leben lang zur See gefahren. Als Kapitän hatte er im Laufe der Zeit drei Segelschiffe und sieben Dampfer befehligt. Er hatte dutzende Stürme, mehrere Piratenüberfälle und einen Schiffsbrand glimpflich überstanden. Immer hatte er zeitgerecht seine Fracht in den Bestimmungshafen geliefert, nie hatte es eine Meuterei auf einem der Schiffe, die ihm anvertraut waren, gegeben. Kater Humbert war ein zuverlässiger Kapitän gewesen.

Doch dann hatte er sich einen großen Traum erfüllt und sich mit den Ersparnissen seines Lebens ein eigenes Schiff gekauft. Es war ein mittelgroßer Frachtdampfer namens »Octopus«.

Gleich auf der ersten Fahrt geriet die »Octopus« in einen Sturm und zerschellte an einer felsigen Küste. Kapitän Humbert und die Besatzung konnten sich retten. Doch nun stand der Kater völlig mittellos da. Keine Schifffahrtsgesellschaft wollte ihn anstellen, er war auch schon zu alt dazu, und Humbert musste sich mit dem Gedanken abfinden, sein weiteres Leben als Landratte zu verbringen.

Er bekam eine kleine Rente, von der konnte er sich gerade eine winzige Kellerwohnung in einer Hafenstadt leisten und so viel zu essen, dass er nicht verhungerte. Drei Mäuse lebten noch in dem Keller und denen ging es auch nicht gerade gut. Humbert lud sie oft zum Essen ein, dann gab es Käse, Brot und Leitungswasser. Der Kater erzählte den Mäusen viele Geschichten von seinen Reisen und Abenteuern. Schnell waren sie unzertrennliche Freunde geworden. So lebten sie einige Zeit.

Doch es war nicht zu übersehen, dass Kater Humbert in dem engen Kellerloch immer trübsinniger wurde. Als dann auch noch erste Anzeichen eines Rheumatismus auftraten, beschlossen die Mäuse, etwas zu unternehmen.

Eine der Mäuse hatte eine Verwandte auf dem Land. Diese Verwandte wohnte in einem Häuschen auf einem Baum. Der Baum war hohl und zu einem Zimmer mit Bullaugenfenster ausgebaut. Dorthin brachten sie den Kater Humbert.

Seit der Kapitän im Baum lebte, ging es ihm wieder gut. Es war trocken und warm, auch die Mäuse fühlten sich wohl. Die Baumwohnung stand zudem knapp an der Steilküste, was dem Kapitän besonders gefiel. Er hatte immer einen herrlichen Blick auf sein geliebtes Meer, und wenn ein starker Wind ging, knarrte und ächzte der Baum wie ein altes Schiff. Dann kam es Kapitän Humbert so vor, als ob er wieder, wie in vergangenen Zeiten, über die Ozeane schaukelte.

Die Hamsterhöhle

Herr und Frau Hamster verbringen den Winter in ihrer gemütlichen Erdwohnung. Den Sommer über, bis in den Herbst hinein, hatten sie fleißig Vorräte für die kalte Jahreszeit zusammengetragen. Da gab es: vier Säcke voll Korn, Maiskolben, Marmelade, Äpfel, Nüsse, Gurken, einen dicken, runden Kürbis und vieles mehr. Die Hamsters waren wirklich bestens für den Winter gerüstet! Herr Hamster hatte auch genügend Stroh in die Höhle gebreitet, damit sie schön warm und weich darauf liegen konnten. Noch bevor der erste Schnee gefallen war, hatte Herr Hamster die Falltür am Höhleneingang sorgfältig verschlossen.

Damit es ihnen während der langen Wintermonate nicht langweilig würde, hatten sie einige Untermieter bei sich aufgenommen: zwei Mäuse, drei Motten, eine Obstfliege, einen Käfer und einen Maulwurf. Herr Hamster war ein leidenschaftlicher Geschichtenerzähler. Er konnte stundenlang erzählen, ohne müde zu werden. Frau Hamster bewunderte ihren Mann sehr, obwohl sie seine Geschichten schon in- und auswendig kannte.

Gerade eben erzählte er folgende Geschichte: »Einmal, vor vielen Jahren, kam ich bei meinen weiten Wanderungen in die Wüste. Ich wollte meinen guten alten Freund, den Hamster Rudolf, besuchen. Der lebte damals in Südafrika. Ich dachte, ich geh quer durch die Wüste, Südafrika kann so weit gar nicht sein. Denkste! Drei Tage war ich schon unterwegs und noch immer war keine Spur von Südafrika zu sehen. Ich hatte einen riesigen Durst bekommen und fürchtete schon, umkommen zu müssen, denn die Wüste ist ein Land, wo es

kein Wasser gibt. Schließlich hielt ich es nicht mehr aus und begann, nach Wasser zu graben. Ich grub und grub – immer tiefer kam ich in die Erde hinunter –, aber Wasser fand ich keines. Doch ich war jung und zäh und gab nicht auf. Nach ungefähr drei Wochen ununterbrochener Arbeit hatte ich einen mehrere Tausend Kilometer langen Tunnel gegraben. Und plötzlich, eines Tages, stieß ich endlich auf Wasser! Auf viiiiel Wasser! Der Druck dieser Quelle war so stark, dass es mich den ganzen langen Weg zurückspülte. In der Wüste kam ich schließlich wieder heraus. Aber ich hatte Wasser gefunden und brauchte nun nicht mehr zu verdursten. Als ich so im Wüstensand kniete und trank, wusste ich mit einem Mal, woher diese Wassermassen gekommen waren! Stellt euch vor, ich hatte, ohne es zu merken, durch die ganze Erdkugel hindurchgegraben und das Meer auf der anderen Seite angezapft! Natürlich konnte ich nun das Meerwasser nicht trinken, da es zu salzig war. Also, was tun? Da hatte ich eine Idee ...«

So erzählte Herr Hamster immer weiter. Die Mäuse und der Maulwurf kannten Herrn Hamsters Lügengeschichten ebenfalls zur Genüge; sie schliefen die meiste Zeit. Nur die Motten hörten immer aufmerksam zu, wenn Herr Hamster loslegte. Die vergaßen nämlich die Geschichten von einem Tag auf den anderen und glaubten, es wären immer neue. Na, jedenfalls hatten sie es alle urgemütlich und das ist ja das Wichtigste!

Charles, der Strauß

In einer weiten Steppe, zusammen mit vielen anderen Tieren, lebte der Strauß Charles. Alle Tiere, und vor allem die anderen Strauße, fühlten sich in dem heißen, trockenen Klima ihrer Heimat sehr wohl. Nicht so Charles! Ihm war immer irgendwie zu warm. Da beschloss er eines Tages, so lange in Richtung Süden zu laufen, bis er ans Meer käme. Charles lief und lief, bis er nach fünf Tagen tatsächlich das Meer erreichte. Vom Laufen war ihm natürlich noch heißer geworden, und es zischte fast, als er ins Meer hineinwatete! Bis zum Bauch wagte sich Charles ins Wasser und genoss die erfrischende Kühle.

Einige Tage lang planschte der Strauß so im Meer herum, dann wurde es ihm zu langweilig, und er wanderte den Strand entlang, bis er zu einer Hafenstadt kam. Als Charles am Kai spazieren ging, sah er ein Schiff, das gerade auslaufen wollte. Es gehörte fünf Mäusen.

»Wo fahrt ihr denn hin?«, rief Charles.

»Zur Antarktis, ins Land der Pinguine!«, rief eine Maus zurück.

»Ach bitte, nehmt mich doch mit!«, bat der Strauß.

»Du willst mitfahren?«, sagte die Maus verwundert. »Du bist doch ein Strauß und würdest dort innerhalb kürzester Zeit erfrieren!«

»Aber nein«, sagte Charles. »Ich bin ein ganz besonderer Strauß! Die Kälte macht mir gar nichts. Je kälter es ist, desto wohler fühle ich mich!«

Die Mäuse ließen sich schließlich überreden und nahmen Charles mit.

Nach einigen Wochen Seereise legte das Schiff an der Küste von

Pinguinland an. Charles sprang sofort von Deck und tollte im tiefen Schnee herum. Es gefiel ihm prächtig dort! Aber den fünf Mäusen war es furchtbar kalt. Sie gingen nur kurz an Land und kehrten dann schnell wieder in die warme Schiffskajüte zurück.

Da hatte Charles eine Idee, von der die Mäuse gleich begeistert waren. Sie bauten aus Sperrholz eine kleine Kabine, eine Art Häuschen mit Fenstern, in die sie einen Ofen stellten. Dann schnallten sie das Häuschen dem Strauß auf den Rücken und kletterten hinein. Es funktionierte hervorragend! Charles lief mit der Mäusekabine auf dem Rücken durch das ganze Pinguinland. Die Mäuse hatten es warm und konnten trotzdem alles sehen. Und Charles, dem seltsamen Strauß, wurde es nie zu kalt!

Der Skiflieger

Es war im tiefsten Winter. Überall lag hoher Schnee und oben im Gebirge pfiff ein eisiger Wind um das Häuschen der Katze Caterina. Sie hatte in ihrem Kohleofen gut eingeheizt und in den Zimmern war es mollig warm. Am liebsten saß Caterina am Fenster, um die atemberaubende Aussicht genießen zu können. Caterinas Häuschen stand nämlich dicht an einem Felsbruch und sie konnte weit in das flache Land hineinsehen. Einmal besuchte sie Benno, der Bär. Er hatte Caterina ein Glas Honig mitgebracht und nun saß er neben ihr am Fenster.

»Also, dieser tiefe Abgrund – ehrlich gesagt, mich gruselt es!«, sagte er. »Der Ausblick ist zwar traumhaft schön, aber ich weiß nicht, ob ich mich in diesem Haus auf Dauer wohl fühlen könnte. Hast du keine Angst, dass dich eines Tages ein Sturm samt dem Häuschen davonwehen könnte, Cati?«

»Überhaupt nicht!«, sagte Caterina. »Mein Haus ist sehr fest gebaut, und dass es so dicht am Abgrund steht, gefällt mir. Ein bisschen Nervenkitzel tut nämlich jeder Katze gut. Aber es gibt noch viel tollkühnere Leute als mich! Zum Beispiel fährt in letzter Zeit jeden Tag ein Skiflieger den Hang gegenüber von meinem Haus hinunter!«

»Das kann ich nicht glauben«, sagte der Bär. »Er würde sich den Hals brechen, wenn er in diese Tiefe springt!«

»Ich wette mit dir um fünf Gläser Honig, dass es wahr ist!«, sagte Caterina. »Er muss jeden Moment herunterkommen.«

»Die Wette gilt!«, sagte der Bär.

Sie traten vor das Haus, um den Skiflieger besser sehen zu können.

Und wirklich, kurz darauf sahen sie ihn den Abhang heruntersausen. Es war ein Rabe. Einige Meter vor dem Abgrund schlug er mit den Flügeln und erhob sich in die Luft.

»Nun ja«, sagte der Bär. »Der hatte ja Flügel, dem konnte ja gar nichts passieren!«

»Eben«, sagte Caterina. »Er ist ein echter Skiflieger ...«

Die Eisburg

Im eiskalten Meer, weit oben im Norden, leben viele Seehunde. Sie schwimmen und tauchen in dem kalten Wasser und das macht ihnen überhaupt nichts aus! Wir Menschen würden in dem eisigen Wasser schnell erfrieren – für die Seehunde ist das aber genau das Richtige.

Einmal ist dort etwas sehr Ungewöhnliches geschehen! Ein Eisberg kam dahergeschwommen, der aber ganz anders aussah als die üblichen Eisberge. Der Seehund Ingo entdeckte ihn als Erster. Anfangs dachte Ingo, ein Schiff käme auf ihn zu. Aber als der Eisberg dann näher kam, glaubte Ingo, es wäre eine schwimmende Burg. Und damit hatte er nicht ganz Unrecht!

Der Eisberg sah tatsächlich wie eine Burg aus! Da gab es Höhlen, in den turmartigen Zinnen Öffnungen, die wie Fenster aussahen, und sogar eine Bank aus Eis stand da! Schnell schwamm der Seehund Ingo zum Eisberg, kletterte hinauf und kroch in eine Höhle. Viele Stufen führten aufwärts, und als Ingo endlich oben angekommen war, sah er, dass eine Eisrutsche wieder hinunterführte. Gleich probierte Ingo sie aus und sauste auf der spiegelglatten Rutsche hinunter ins Wasser. Das war ein Spaß!

Inzwischen waren weitere Seehunde neugierig geworden und herbeigeschwommen. Alle kletterten in die Eisburg und rutschten ins Wasser hinunter, und das immer wieder.

So vergnügten sich die Seehunde eine ganze Woche lang.

Dann mussten die Seehunde die Eisburg verlassen, weil sie inzwi-

schen zu weit nach Süden abgetrieben war. Sie schwammen alle wieder zurück und suchten sich ein neues Spiel.

Wie diese Eisburg entstanden ist, das weiß niemand. Falls die Burg aber jemand gebaut hat, so muss derjenige ohne Zweifel ein großer Seehundfreund sein!

Der Rabe und die Maus

An einem bitterkalten Winterabend flog einmal ein Rabe über das tief verschneite Land. Er war hungrig, denn er hatte an diesem Tag nicht viel zu fressen gefunden. Die scharfe Kälte drang durch sein Gefieder, und er fühlte, wie seine Flügelbewegungen immer mühseliger und langsamer wurden.

Da sah er in der weißen Landschaft einen Bauernhof. Bis zu diesem Hof fliege ich noch, dachte er. Vielleicht haben die Menschen Maiskörner ausgestreut, das wäre meine Rettung! Er landete vor dem Bauernhaus und suchte den Boden ab. Doch er fand kein Futter. Der Rabe flog zum Fenster des Hauses hinauf und schaute hinein. Die Menschenfamilie saß gerade beim Abendessen. Sehnsüchtig und traurig schaute ihnen der Rabe eine Weile zu. Dann seufzte er und flatterte wieder in die Luft.

Wo soll ich nur hin?, dachte er. Wo ist ein angenehmer Platz zum Schlafen? Da sah er auf dem Feld eine Vogelscheuche stehen. Er flog hinüber und setzte sich auf die Schulter der Vogelscheuche. Er drückte sich eng an ihren mit Stroh gehüllten Kopf, um sich wenigstens ein kleines bisschen zu wärmen. Ach, wie hart ist doch das Leben im Winter! Dachte der Rabe und schloss seine Augen.

Da raschelte es plötzlich im Hemdkragen der Vogelscheuche und eine kleine Feldmaus schob ihren Kopf ins Freie.

»Grüß dich, Herr Rabe!«, sagte sie. »Willst du nicht hereinkommen? Hier ist es viel wärmer!«

»Danke, nett von dir«, sagte der Rabe. »Aber das geht wohl nicht.

Ich kann nicht in Löcher schlüpfen wie du. Meine Federn würden sonst brechen und dann könnte ich nicht mehr fliegen. Aber es geht schon so. So leicht erfriere ich nicht. Mir ist nur gerade heute so kalt, weil ich fast nichts gegessen habe.«

»Magst du Weizenkörner?«, fragte die Maus. »Du kannst welche haben! Ich habe genügend! Den ganzen Sommer über habe ich sie gesammelt und in die Vogelscheuche getragen.«

»Oh, du bist wirklich eine zauberhafte Maus!«, sagte der Rabe. »Du hast ja ein Herz aus Gold!«

Die Maus holte aus der Scheuche so viele Weizenkörner, bis der Rabe satt war. Sie unterhielten sich noch eine Weile, und als es Nacht wurde, kroch die Maus in die Vogelscheuche zurück und kuschelte sich in ihr warmes Strohnest.

Mit den Körnern im Magen war dem Raben warm geworden und auch er verbrachte eine angenehme Nacht auf dem Strohbaum.

Interessante Besucher

Ganz weit oben, in der Nähe des Nordpols, war der Eisbär Ulysses zu Hause. Es gab nicht viele andere Tiere, die so hoch im Norden lebten, und Ulysses war meistens allein.

In letzter Zeit hatte er allerdings eine ganze Reihe von interessanten Besuchern bekommen. Zuerst waren mit einem Schiff drei Pinguine eingetroffen und wenig später noch einmal zwei. Sie kamen von weit her, von der anderen Seite der Welt, nämlich vom Südpol, wo es auch so eisig ist wie im hohen Norden. Ulysses hatte den Pinguinen in den vergangenen Tagen seine Heimat gezeigt. Es gefiel allen recht gut hier. Besondere Sehenswürdigkeiten konnte der Eisbär seinen Gästen zwar nicht bieten, aber die Besucher fühlten sich wohl, und das war die Hauptsache.

Eines Abends fuhr ein drittes Schiff in die schmale Bucht ein, wo Ulysses seine Schneehöhle hatte. Waren das etwa wieder Pinguine? Ulysses und die fünf Pinguine liefen zum Strand und zogen das Schiff an Land. Seltsamerweise war an Deck niemand zu sehen. Der Eisbär brach die zugefrorene Kajütentür auf. Drinnen fand er, eingehüllt in eine dünne Decke, ein kleines Schweinchen. Das Schweinchen hatte eine bunt karierte Hose an und schlief tief und fest. Sehr seltsam war das.

Wie kam es hierher, so ganz allein? War es in Seenot geraten und in das Nordpolland abgetrieben worden?

Ulysses nahm das Schweinchen in seine Arme und trug es eilig in

seine Höhle. Er legte das Schweinchen in sein Bett und deckte es gut zu. Dann kochte er eine kräftige Fischsuppe, denn das Schweinchen war sicher hungrig, wenn es aufwachte. Ulysses und die fünf Pinguine waren schon sehr gespannt, was ihnen der Besucher erzählen würde ...

Die Bruchlandung

Die kleine Katze und der kleine Fuchs besaßen ein Flugzeug. Es stand hinter ihrem Haus in einem Schuppen. Das Flugzeug war schon alt und klapprig. Es hatte dem Großvater des kleinen Fuchses gehört, einem berühmten Kunstflieger aus alter Zeit. Gut zwanzig Jahre war es schon nicht mehr in der Luft gewesen.

Eines Tages schoben der kleine Fuchs und die kleine Katze das alte Flugzeug in ihren Garten, um es bei Sonnenlicht zu betrachten. Sie befreiten es vom Staub und von den Spinnweben und setzten sich dann probeweise in die Pilotenkanzel. Der kleine Fuchs drückte einige Knöpfe und zu ihrem Schreck sprang der Motor sofort an! Das Flugzeug rollte immer schneller durch den Garten und hob ab.

Als sich der kleine Fuchs und die kleine Katze von ihrem Schreck erholt hatten, flogen sie schon über dem Meer. Nun war guter Rat teuer. Wie sollten sie umkehren und wieder landen?

Sie hatten keine Ahnung. So flogen sie immer schnurgerade nach Norden. Einen Tag und eine Nacht flog das Flugzeug. Man kann sich vorstellen, was der kleine Fuchs und die kleine Katze für Angst ausgestanden haben!

Am Morgen des nächsten Tages flog das Flugzeug bereits über dem Eisland. Dann war der Benzintank leer und das Flugzeug sank immer tiefer. Der kleine Fuchs nahm tapfer das Steuer in seine Pfoten und lenkte das Flugzeug, so gut er konnte, auf eine Eisinsel. Krach! Der Schnee dämpfte den Aufprall. Das Flugzeug schlitterte auf einen

Schneehügel und fing zu brennen an. Der kleine Fuchs und die kleine Katze stiegen schnell aus. Es war ihnen nichts passiert.

Ein Schneemensch und sein Sohn hatten den Absturz gesehen. Sie liefen herbei und brachten die unglücklichen Flieger in Sicherheit. Der Schneemensch sah etwas unheimlich aus, aber er war sehr freundlich und hilfsbereit.

Zuerst einmal bekamen die Katze und der Fuchs gebratenen Fisch zu essen. Dann schliefen sie sich in der warmen Höhle der Schneemenschen aus. Und am nächsten Tag trug sie Vater Schneemensch viele Kilometer weit zurück, zu einem Hafen, wo der kleine Fuchs und die kleine Katze ein Schiff in Richtung Heimat besteigen konnten. Sie verabschiedeten sich und wenige Tage später waren sie wieder zu Hause.

»Nie wieder steige ich in ein Flugzeug!«, sagte die kleine Katze.

»Ich schon!«, sagte der kleine Fuchs. »Aber vorher lerne ich fliegen.«

Jerry, der Koalabär

Mitte Dezember brach plötzlich der Winter über das Land herein. Die Temperaturen sanken und es fing zu schneien an. Es schneite fast eine Woche lang. Die Welt sah sehr schön und sauber aus mit dieser frischen Schneedecke!

Günter, der Dachs, saß vor seinem Kamin und las in einem Buch. Wahrscheinlich hatte er die behaglichste Wohnung im ganzen Land. Er schaute aus dem Fenster und sah, dass es nur mehr schneite. Da beschloss Günter, auf seinen Skiern einen kleinen Ausflug zu machen und sich die Schneelandschaft anzusehen. Er fuhr gemächlich durch ein Waldstück am Fuß des Hangs ... Da sah der Dachs einen kleinen Koalabären vor der Tür zu Urbans Höhle sitzen.

»Grüß dich! Was machst du denn da?«, sagte Günter.

»Ich bin Jerry aus Australien und wollte den Urban besuchen!«, sagte der Koalabär. »Aber er macht nicht auf. Ich habe schon so oft geklopft ...« Jetzt schluchzte der kleine Koalabär.

»Weiß er, dass du kommst?«, fragte Günter.

»Aber ja! Ich habe ihm geschrieben, dass ich kurz vor Weihnachten bei ihm sein werde«, sagte der Koala.

Günter dachte kurz nach. »Hm«, machte er. »Urban erwartet dich wahrscheinlich etwas später. Weil es heuer früher zu schneien angefangen hat, ist er ganz sicher in den Winterschlaf gefallen. Weißt du was, Jerry? Ich nehme dich einstweilen mit in meine Wohnung. Hier

kannst du ja nicht sitzen bleiben. Wir schauen in ein paar Tagen nach, ob Urban Bär aufgewacht ist. Einverstanden?«

»Ja«, sagte der Koalabär und wischte sich eine Träne ab. Er kletterte auf Günters Rücken und hielt sich gut fest. Der Dachs hängte sich Jerrys Seesack um und trat gemächlich, wie es seine Art war, den Heimweg an ...

Die Eispalme

Ulysses, der Eisbär, lebte hoch im Norden, wo es nur Schnee und Eis gibt und es immer bitterkalt ist. Aber gerade dort sind die Eisbären zu Hause. Sie haben ein so dickes Fell, dass ihnen die größte Kälte nichts ausmacht.

Mindestens einmal in der Woche ging Ulysses zum Fischen ans Meer. Wenn er genug gefangen hatte, schaute er oft lange über die weite Wasserfläche und versuchte sich vorzustellen, wie die Welt wohl hinter dem Meer aussah. Eines Tages hatte Ulysses einen seltsamen Traum. Er träumte von einer Insel mit grünen Palmen. Nie in seinem Leben war der Eisbär auf so einer Insel gewesen, und er wusste auch nicht, dass diese Bäume Palmen hießen. Ja, er wusste nicht einmal, was Bäume waren! Trotzdem hatte er sie im Traum deutlich gesehen. Von diesem Tag an träumte Ulysses immer wieder von den Palmen.

Einmal entdeckte der Eisbär auf seinen Streifzügen ein gestrandetes Schiff. Neugierig durchsuchte er das Schiff, und als er darin unter anderem eine Werkzeugkiste fand, hatte er eine plötzliche Eingebung! Er nahm einen Hammer und einen Meißel, suchte sich einen schönen, schlanken Eisberg und begann ihn zu behauen. Ulysses arbeitete einen ganzen Tag lang. Dann schlief er erschöpft ein. So fanden ihn am nächsten Morgen drei Pinguine. Sie waren zu Besuch ins Nordland gekommen und der Spur des Eisbären gefolgt. Staunend betrachteten sie die Skulptur und weckten den Eisbären.

»Deine Eispalme ist wunderschön!«, sagte ein Pinguin. »Wir haben auf unserer Reise viele solcher Bäume gesehen!« Ulysses wunderte

sich sehr. Die Pinguine mussten ihm erst lang und breit erklären, was eine Palme ist. Staunend hörten sie dann zu, als ihnen der Eisbär von seinen Träumen erzählte.

Die Pinguine erklärten sich sofort bereit, den Eisbären auf ihrer Reise zum Südpol mitzunehmen, damit er echte Palmen sehen und sich überzeugen konnte, wie richtig sein Traum gewesen war.

Guido Wanderrattes weitere Abenteuer

Guido Wanderrattes Haus in den Bergen war abgebrannt. Er hatte sich retten können und sein früheres Wanderleben wieder aufgenommen. Guido stieg ins Tal hinunter. Er kam in ein kleines Dorf. Er wartete die Nacht ab und stieg dann durch ein Belüftungsloch in einen Lebensmittelladen ein. Guido versorgte sich mit Wurst, Brot und Käse und wanderte weiter. Am nächsten Tag kam er zu einem Fluss, wo er einen Frachtkahn bestieg. Guido wollte in den warmen Süden und sich ein hübsches Plätzchen am Meer suchen.

Drei Wochen lang fuhr er unentdeckt auf dem Kahn den Fluss hinunter. Seine Essvorräte gingen schon zur Neige, da tauchte endlich das Meer auf. Guido Wanderratte ging von Bord. Kurz darauf traf er andere Ratten, die auf einem Touristenstrand von den Abfällen der Hotelküchen lebten. In der Nacht schliefen sie am Strand, und wenn einmal schlechtes Wetter kam, zogen sie auf den Dachboden eines alten Hotels.

Einmal durchsuchte Guido den offenen Kofferraum eines Urlauberautos und wurde prompt darin eingesperrt. Das Auto fuhr viele Kilometer weit nach Norden. In einer Stadt angekommen, wurde der Kofferraum geöffnet und Guido konnte entwischen. Mit knurrendem Magen stand er auf der Straße. Eine Stadtratte half ihm weiter. Sie wusste einen Zugang zur Lebensmittelabteilung eines großen Kaufhauses. Bis in den Herbst hinein wohnten die beiden Ratten im Kaufhaus. Dann wurden sie entdeckt und konnten gerade noch flüchten. Als Nächstes wohnte Guido in einer großen Bücherei.

Er machte sich ein Nest im obersten Fach eines hohen Regals und wollte dort den Winter verbringen. Guido las etliche Bücher und es gefiel ihm dort. Er musste täglich die Frühstücksbrote der Bibliothekare stehlen und das war nicht ungefährlich. Bis in den Dezember hinein führte er dieses Leben, dann wurde er auch dort entdeckt und konnte gerade noch mit heiler Haut entkommen. In einem Abfallkübel im Stadtpark übernachtete er. Es war eine üble, kalte Nacht.

Am Morgen traf Guido Wanderratte einen Hund, der von seinem Besitzer ausgesetzt worden war. Der Hund hieß Alfred und war sehr freundlich. Die beiden beschlossen, beisammenzubleiben und gemeinsam zu überwintern. Zunächst einmal stibitze Guido Wanderratte ein Paar Würste aus einer Würstelbude. Die verspeisten sie, dann zogen sie los.

Guido erzählte Alfred von seinem Häuschen in den Bergen, das abgebrannt war. So ein Häuschen wollten sie suchen. Fünf Tage wanderten sie, dann waren sie im Gebirge. Aber es war Schnee gefallen und sie kamen nur mühsam vorwärts. Der Hund Alfred nahm Guido auf seinen Rücken. Sie hatten lange nichts mehr gegessen und waren todmüde. Da kamen sie eines Abends endlich zu einem Schloss, in dem Licht brannte. Bei dichtem Schneefall kämpften sich die beiden den Berg hinauf. Oben angekommen, klopften sie an die Tür. Ob sie eingelassen worden sind? Ach, ich glaube schon. Es war nämlich der 24. Dezember, und wer lässt an diesem Tag schon zwei arme Wanderer im Freien stehen?

Die Irrfahrt

In Katzenland lebten einmal zwei Katzen mit Namen Zwirnbart und Schmauli. Sie wohnten in einer Stadt am Meer und sie besaßen auch einen Papagei. Der Papagei hieß Bonzo.

Eines Tages wollte Bonzo nicht mehr fressen. Das beste Futter rührte er nicht an und ganz still war er geworden. Er saß nur traurig am Fensterbrett und schaute aufs Meer hinaus. Zwirnbart und Schmauli ließen den Tierarzt kommen, der untersuchte Bonzo gründlich, doch er konnte keine Krankheit finden.

»Vielleicht hat Bonzo Heimweh?«, sagte Schmauli am nächsten Tag. »Schau, wie sehnsüchtig er aufs Meer guckt!«

»Du hast Recht«, sagte Zwirnbart. »Er möchte sicher seine Heimatinsel wiedersehen! Weißt du was, wir kaufen uns ein Schiff und fahren in den Süden. Unser Bonzo wird wieder gesund, und uns wird so eine Reise auch guttun.«

Gesagt, getan. Schmauli und Zwirnbart kauften einen kleinen Dampfer. Er war wirklich sehr klein, aber einen größeren konnten sie sich nicht leisten. Sie luden Wasser und Lebensmittel ein und eine Menge Kohlen, dann holten sie den Papagei und dampften los.

Viele Wochen lang fuhren die drei in Richtung Süden. Aber dann passierte ihnen ein Missgeschick. Sie verfehlten die Kokosinseln! Sie fuhren immer weiter nach Süden, und schließlich kamen sie in die Antarktis, wo es nur Eis und Schnee gibt.

Tagelang dampften sie zwischen den Eisbergen umher und wussten nicht mehr ein noch aus. Es war eisig kalt und die Kohlen für die

Dampfmaschine wurden auch immer weniger. Schmauli und Zwirnbart waren ziemlich verzweifelt. Da trafen sie einige Pinguine. Zwirnbart fragte sie nach der Richtung der Kokosinseln.

»Kokosinseln?«, sagte ein Pinguin. »Hier gibt es keine Kokosinseln. Was bedeutet eigentlich Kokos? Nein, da seid ihr ganz falsch! Aber wenn ihr zwei Tage immer nach links fahrt und dann geradeaus, dann kommt ihr wieder zum Meer. Dort müsst ihr weiterfragen. Mehr weiß ich auch nicht.«

Die Katzen befolgten seinen Rat und kamen auf diese Weise aus dem Eisland heraus. Sie behielten die Richtung bei, und nach einigen weiteren Tagen Fahrt merkten sie, wie das Klima milder wurde. Auch Bonzo wurde lebhafter. Lauter Anzeichen, dass sie auf dem richtigen Weg waren. Doch dann gingen ihnen die Kohlen aus. Ein Wal half weiter. Er schleppte den kleinen Katzendampfer ab – direkt zu den Kokospalmeninseln.

Nach langer Irrfahrt waren Schmauli und Zwirnbart in der Heimat Bonzos angekommen! Bonzo begann gleich wieder zu sprechen. Er besuchte seine Papageienfreunde auf den Inseln, und die beiden Katzen bauten sich auf der schönsten Insel eine Bambushütte, wo sie das ganze Jahr über blieben.

Die mutigen Mäuse

Überall lag Schnee und es war bitterkalt. Im Tannenwald, unter den Wurzeln einer hohen Tanne, hatte eine große Mäusefamilie ihre Erdhöhlen gegraben. Dort unten waren sie vor der Winterkälte geschützt, und die Höhlen waren noch mit allerlei flauschigem Zeug ausgekleidet, damit es alle bequem hatten. Bei so frostigem Wetter verließ keine Maus ihre Wohnung. Nur zwei kleine Mäusekinder waren an diesem Morgen ins Freie gekrochen und in den glitzernden Wald hineinspaziert!

Die beiden Mäuse hießen Antje und Anton. Sie wollten zu dem schönen, weißen Schloss gehen, das sie in der Ferne zwischen den Bäumen entdeckt hatten. Sie glaubten, dass es ganz nahe sei.

Aber als sie drei Stunden lang gewandert waren und das Schloss noch immer nicht viel größer geworden war, merkten sie, wie weit weg es wirklich war. Obwohl Antje und Anton an den Pfoten schon ziemlich froren, dachten sie nicht ans Umkehren. Plötzlich hörten sie ein Knirschen im Schnee, und aus dem Wald tauchte ein Elch auf, der einen Schlitten zog, in dem ein dick vermummter Kater saß. Jede andere Maus wäre bestimmt weggelaufen, aber Antje und Anton blieben stehen und warteten, bis der Schlitten dicht vor ihnen war.

Als der Kater die beiden Mäuse sah, hielt er an. »Was macht ihr denn bei dieser Kälte allein im Wald?«, fragte er erstaunt.

»Wir wollten zu dem Schloss dort gehen«, sagte Anton. »Aber es ist viel zu weit weg.«

Der Kater schmunzelte. Es gefiel ihm, dass die beiden kleinen

Mäuse keine Angst vor ihm hatten. »Kommt her, kriecht unter die warme Decke, ich bringe euch zu dem Schloss«, sagte er. »Mein Name ist Fürst Micha und ich wohne in dem Schloss. Kommt mit, ich zeige euch alles. Ihr könnt auch bei mir übernachten und morgen bringe ich euch hierher zurück. Einverstanden?«

Und ob die beiden Mäuse einverstanden waren! Sie fuhren mit Fürst Micha zum Schloss und es wurde das wundervollste Erlebnis in ihrem Leben!

Schwere Geschenke

Die fünfköpfige Mäusefamilie mit dem etwas merkwürdigen Namen Katzbach wollte auch diesmal in den Weihnachtsfeiertagen ihre Verwandten besuchen. Die vielen Geschenke wurden auf das Dach ihres alten Autos geladen. Zwei davon waren besonders schwer. Es waren Marmorblöcke, ein weißer und ein rosafarbener. Herrn Katzbachs Schwager war nämlich Bildhauer. Die Marmorblöcke sollten ihm eine besondere Freude machen.

Auf der Fahrt begann es stark zu schneien. Das alte Auto der Katzbachs blieb in einem Tal stecken. Ein Braunbär, der in der Nähe wohnte, hatte das von weitem beobachtet. Er stieg sogleich von seinem Berg herunter und schob das Automobil aus dem tiefen Schnee.

Die Mäuse bedankten sich herzlich. Aber Herr Katzbach sah voraus, dass das Auto mit der schweren Last auf dem Dach in der nächsten Schneewehe wieder feststecken würde. Es ging nicht anders, er musste sich wenigstens von einem der Steine trennen. So rief er den Bären zurück und schenkte ihm das große blaue Paket. Der Bär freute sich riesig. Er nahm das schwere Ding vom Dach und die Mäusefamilie fuhr weiter. Der Bär schaute ihnen nach, solange er sie sehen konnte. Das Auto blieb nicht mehr stecken. Sehr nette Leute, dachte der Braunbär. Machen mir gleich so ein riesiges Geschenk wegen so einer kleinen Gefälligkeit. Was da wohl drin ist?

Mit großer Anstrengung schleppte der Bär das Paket zu seinem Haus hinauf. Als er es dann öffnete und den weißen Marmorblock sah, wusste er wirklich nicht, ob er nun beschenkt oder gefoppt worden war.

Das Weihnachtsbaumhaus

Zu Weihnachten hatte es sich Familie Bär in ihrer Höhle so richtig gemütlich gemacht. Das Feuer prasselte im Kamin, in der Ecke stand ein schön geschmückter und nach frischen Nadeln duftender Weihnachtsbaum und davor saßen auf dem Boden Bosco-Bär und sein Sohn Ben und spielten mit der hölzernen Eisenbahn. Pia, die Bärin, saß auf dem Diwan und las einen Roman.

Plötzlich klopfte es an der Tür. Es war der Rabe Rolf, der Postbote. Er brachte einen Brief von Ladislaus, dem Kater: »Hallo Bosco, liebe Pia, lieber Ben! Wir wünschen euch fröhliche Weihnachten und möchten euch einladen, uns zu besuchen! Livia und ich haben eine neue Wohnung gefunden. Es ist ein Baumhaus am westlichen Ufer des Vogelsees, ihr könnt es nicht verfehlen. Ihr werdet überrascht sein, wenn ihr es seht. Wir würden uns sehr über euren Besuch freuen. Alles Liebe! Ladislaus und Livia.«

»Die armen Katzen«, sagte Bosco-Bär. »Jahrelang haben sie in einer feuchten, schimmeligen Bruchbude gewohnt und jetzt wohnen sie in einem Baumhaus am See. Wie kann man nur in einem Baum hausen? Wahrscheinlich ist es eiskalt da drin, modrig und finster.«

»Ja, besuchen wir sie!«, sagte Pia. »Schenken wir ihnen warme Schals und eine Decke. Und wenn das Baumhaus wirklich so übel ist, können wir sie ja mitnehmen in unsere Höhle. Wir haben Platz genug. Die armen Katzen brauchen doch Wärme!«

So gingen sie also alle drei am nächsten Abend hinunter zum Vogelsee. Da staunten aber die Bären, als sie das Baumhaus von Ladislaus

und Livia sahen! Es war prachtvoll geschmückt wie ein Weihnachtsbaum. Drinnen war es trocken und mollig warm und mindestens so gemütlich wie in der Bärenhöhle.

Sie verbrachten einen wunderschönen Abend miteinander ...

© Hans Wetzelsdorfer

Erwin Moser

Erwin Moser, 1954 in Wien geboren und dort 2017 verstorben, wuchs im Burgenland auf und absolvierte eine Ausbildung zum Schriftsetzer. Die Liebe zum Fabulieren und das Zeichnen hat er früh für sich entdeckt, wie er berichtet: »In der Schule war ich im Zeichenunterricht längst schon aufgefallen. Was ich in Mathematik verpatzte, versuchte ich in den Zeichenstunden auszubügeln. Einmal erwischte mich der Mathelehrer, wie ich in der Geometriestunde anstatt Würfel oder solchem Zeug eine Horde reitender Indianer zeichnete. Der war vielleicht wütend! ›Das kann er!‹, hat er geschrien. ›Aber davon kann man nicht leben, Moser!‹«

Dass man sehr wohl vom Zeichnen und vom Geschichtenerfinden leben kann, beweist Erwin Moser nun schon seit vielen Jahren. Seine Bücher standen auf der Auswahlliste zum Deutschen Jugendliteraturpreis, er wurde mit dem japanischen Owl-Preis ausgezeichnet und erhielt den Rattenfänger-Literaturpreis der Stadt Hameln. Seine Geschichten und Bilder gehören heute zum Kanon der Kinderliteratur. 2014 wurde in seinem Heimatort Gols das Erwin Moser Museum eröffnet.

88 Gute-Nacht-Geschichten aus Erwin Mosers fabelhafter Welt

Erwin Mosers

Fantastische Gute-Nacht-Geschichten

Mit farbigen Bildern
Gebunden, 240 Seiten (79987), ab 4

Katzen und Mäuse, Tiger, Kängurus und viele andere große und kleine Helden erleben tollkühne Abenteuer und echte Freundschaften, erfinden außergewöhnliche Gefährte und seltsame Gerätschaften, bereisen die Wüste, das Meer und sogar das Weltall.

Geschichten zum Schmunzeln und Wundern, Bilder zum Staunen und Entdecken – zum Vorlesen, Zuhören und Weiterträumen.

www.beltz.de BELTZ & Gelberg

Erwin Moser erzählt Bildgeschichten für Kleine

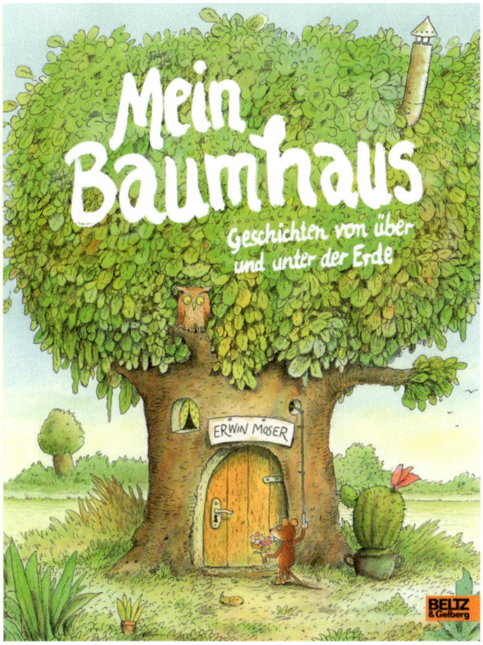

Erwin Moser

Mein Baumhaus

Geschichten von über und unter der Erde

Vierfarbiges Bilderbuch
Gebunden, 48 Seiten (81222), ab 3

Siegfried, der Eichkater, hat ein Problem: Als der Wind sein Nest vom Baum weht, steht er ohne ein Zuhause da. Ob Siegfried beim Hamster oder bei den anderen Nachbarn unterschlüpfen könnte? Manche wohnen über, andere unter der Erde. Wie es sich da wohl so lebt? Schnell ist klar: Ob Erdhöhle, Gerümpelplatz, Biberburg oder Baumhaus – überall finden sich gute Freunde und manch kauziger Bewohner.

www.beltz.de BELTZ & Gelberg

Ein bisher unveröffentlichtes Werk aus dem Vermächtnis Erwin Mosers

Erwin Moser

Billi, die Baummaus

Streifzüge eines mutigen Mäusemädchens

Vierfarbiges Bilderbuch
Gebunden, 64 Seiten (75472), ab 3

Billi, die Wandermaus, ist immer unterwegs. Als sie ein leeres Baumhaus entdeckt, weiß sie sofort: Das wird mein neues Zuhause! Mit zwei Handvoll weicher Blätter und einer Handvoll guter Freunde wird daraus im Nu ein behagliches Heim. Die Schildkröte schleppt den Tisch herbei, Frau Spinne spinnt Gardinen. Jetzt bin ich eine Baummaus, denkt Billi und freut sich auf den neuen Tag.

www.beltz.de BELTZ & Gelberg